초등학생을 위한 세계 위인 3

코코 샤넬

글 **카나지 나오미** | 그림 **토모**
감수 **츠카다 토모코** | 번역 **김태길**

코코 샤넬과 관련 있는 장소

• 이 지도와 나라 이름은 현대를 기준으로 표기했습니다.

코코 샤넬은 프랑스의 소뮈르에서 태어났어요. 열두 살에 언니와 함께 오바진 수도원에 맡겨졌고, 열여덟 살에 물랭으로 갔어요. 코코는 파리에서 처음으로 모자 가게를 열었어요. 그 후 해변의 관광지인 도빌과 고급 리조트가 있는 비아리츠에 가게를 열고, '샤넬 스타일'의 옷과 장신구, 향수를 출시했어요.

코코 샤넬은 어떤 사람일까요?

탁월한 패션 감각

코코 샤넬의 뛰어난 감각으로 탄생한 단순하면서도 세련된 디자인은 전 세계 사람들의 마음을 사로잡았어요.

열정 넘치는 도전 정신

바지를 입고 단발머리를 한 코코 샤넬의 패션은 당시 여성들에게 찾아볼 수 없는 파격적인 변화였어요.

바느질을 잘했던 코코 샤넬

열두 살에 엄마를 잃은 코코 샤넬은 오바진 수도원에 맡겨졌어요. 그곳에서 바느질을 배웠어요. 이후 가수로 변신한 코코는 계속해서 도전을 멈추지 않고 앞으로 나아갔어요.

언니와 함께 **수도원에 간** 코코 샤넬

바느질에 재능이 있는 코코 샤넬

새로운 패션을 세상에 내놓다!

바지를 입고 승마를 하다!

코코가 만든 새로운 모자!

파리에 모자 가게를 열다!

바지를 입고 승마를 즐겼던 코코 샤넬! 화려하고 복잡한 모자가 아닌 자신만의 모자를 만들었고, 여성들로부터 좋은 반응을 얻었어요. 이것을 계기로 패션의 세계에 첫걸음을 내딛게 되었어요.

사랑하는 사람을 만나다!

지금까지 없었던 옷을 만들어 내다!

결국 자신의 이름을 건 **부티크를 열다!**

그 후로도 새로운 패션을 선보여 사람들을 놀라게 한 코코! 이 책을 읽으며 코코 샤넬에 대해 좀 더 알아봐요!

코코 샤넬의

코코 샤넬의 가족

아버지
엄마가 세상을 떠나자 코코와 줄리아를 수도원에 맡겼어요.

줄리아(언니)
코코와 함께 수도원에서 생활했어요. 병으로 일찍 세상을 떠나요.

앙트와네트(여동생)
먼 친척에게 맡겨졌지만, 훗날 코코의 일을 도와주어요.

아드리엔(고모)
고모와 조카 사이지만, 코코와 누구보다 친한 단짝 친구예요.

주변 인물들

코코 샤넬에게 도움을 준 사람

발장
자신의 저택에서 코코와 함께 살며, 승마를 가르쳐 주었어요.

아서 카펠
석탄 사업을 하는 영국인으로, 코코가 사랑한 사람이에요.

미시아
코코가 힘든 시절에 이탈리아 베네치아로 초대해 준 친구예요.

예술가들
코코와 좋은 만남을 가지며 예술적인 영감을 준 친구들이에요.

코코 샤넬이 창조한 패션 세계와 그녀의 삶에 대한 이야기를 시작해 볼까요?

차례

인물 소개 ···················· 2

프롤로그 ···················· 12

① 수도원에 간 가브리엘 샤넬 ····· 16

② 가수가 된 코코 ············· 30

③ 작고 귀여운 모자 ············ 44

④ 파리의 모자 가게 ············ 56

⑤ '샤넬'의 시작 ·············· 66

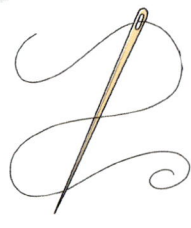

| ⑥ 화려한 성공 ················ 79
| ⑦ 이별과 좌절 ················ 94
| ⑧ 예술가들과의 만남 ·········· 102
| ⑨ '샤넬 넘버5'의 탄생 ········ 109
| ⑩ 위기의 코코 샤넬 ··········· 122
| ⑪ 코코 샤넬의 부활 ··········· 132
| ⑫ 여성을 자유롭게 ············ 140

코코 샤넬 연표 • 144 | 올바른 독서 방법 • 145
더 생각해 보기 • 146 | 편지 쓰기 • 150
독서 기록장 • 152

※ 이 책은 2024년 8월 기준의 정보를 바탕으로 하고 있지만, 내용에 따라서는 다른 의견도 존재함을 알려둡니다. 인물의 대사나 일부 에피소드는 역사적인 설정이나 사실에 기반하며, 삽화는 역사적인 사실에 충실하면서도 초등학생의 흥미를 돋울 수 있도록 친근하게 그렸습니다.

프롤로그

'샤넬'이라는 이름을 들어본 적 있나요? 샤넬은 세계에서 가장 유명한 패션 브랜드 가운데 하나예요.

지금도 전 세계 사람들에게 샤넬이 만든 고급 의상, 가방, 향수 등이 사랑받고 있지요.

샤넬 제품을 만든 건 프랑스의 패션 디자이너인 코코 샤넬이에요. 그녀의 본명은 가브리엘 샤넬이지만, 가수 생활을 한 이후로 '코코 샤넬'이라고 불리게 되었어요.

1883년 8월 19일 프랑스의 소뮈르라는 마을에서 태어난 코코 샤넬은 가난한 어린 시절을 보냈어요.

어머니가 세상을 떠나자 아버지는 그녀를 수도원에 맡겼지요. 수도원을 나온 코코 샤넬은 가수가 되고 싶었지만 성공하지 못했어요.

그 이후에 알게 된 발장의 도움으로 패션의 세계에 발을 들여놓게 돼요.

평소 코코 샤넬은 화려하고 복잡한 여성들의 옷을 보며 '왜 저런 불편한 옷을 입고 다닐까?' 하고 생각했어요.

그런 생각에 사로잡힌 그녀는 여성들이 옷으로부터 자유로워질 수 있는 파격

　적인 패션을 선보여 세상 사람들을 놀라게 했어요.
　코코 샤넬의 멈추지 않는 도전과 용기, 새로운 시선으로 세상을 바라본 패션 감각.
　여든이 넘은 나이에도 가위와 바느질을 했던 그녀의 열정이 있었기에 오늘날의 '샤넬'이 있게 된 거예요.
　지금부터 코코 샤넬이 어떻게 세계 최고의 패션 디자이너가 되었는지 이 책을 읽으며 알아보도록 해요.

1 수도원에 간 가브리엘 샤넬

회색빛 구름이 내려앉은 추운 겨울날, 낡은 마차 한 대가 덜컹덜컹 소리를 내며 달렸어요.

마차 안에는 추위에 떨고 있는 소녀 두 명이 타고 있었어요. 열세 살의 줄리아 샤넬과 열두 살의 가브리엘 샤넬이었지요.

"아빠, 어디로 가는 거예요? 할아버지 집인가요? 아니면 엄마의 친척이 사는 곳인가요?"

가브리엘은 말의 고삐를 잡은 아버지에게 작은 목

소리로 말을 걸었어요. 하지만 아버지는 아무 말 없이 말을 몰 뿐이었어요.

언니인 줄리아는 초점 없는 눈으로 입을 꼭 다물고 있었어요.

얼마 후 마차는 언덕을 넘어 좁은 숲길로 들어갔어요.

숲길을 빠져나오자 두꺼운 장벽으로 둘러싸인 커다란 회색 건물이 보였어요.

'설마 여기는….'

가브리엘이 걱정스러운 표정으로 건물 주위를 천천히 둘러보았어요. 그곳은 오바진 수도원이었어요.

오바진 수도원은 당시 프랑스에서 가장 큰 고아원이었는데, 부모가 없거나 집이 가난한 아이들을 맡아 주는 곳이었지요.

가브리엘의 집은 몹시 가난했어요.

아버지는 이 마을 저 마을을 돌아다니며 와인을 파는 행상인이었어요.

장사가 잘되지 않아 모아놓은 돈도 없었지만, 아버지는 일을 하며 항상 술에 취해 있어서 마을마다 빌린 돈이 많았어요. 한번 장사를 나가면 몇 달씩 소식이 끊기기 일쑤였지요.

그런 아버지 때문에 어머니는 잠시도 쉴 틈이 없었어요. 다섯 아이를 돌보고 먹여 살리느라 온갖 궂은 일을 해야만 했어요.

레스토랑의 접시 닦이부터 작은 호텔방 청소까지 닥치는 대로 일했어요.

그러는 사이 어머니의 몸도 병이 들었어요.

한번 나빠진 몸은 나아질 기미가 보이지 않았고, 기침이 심해서 숨도 제대로 쉬지 못했어요.

결국 어머니는 가브리엘이 열두 살 되던 해에 세상을 떠나고 말았어요. 유난히 바람이 세차게 불던 2월의 어느 아침이었어요.

아버지는 장례식이 끝나자마자, 가브리엘과 그의 언니 줄리아를 수도원으로 데리고 갔어요.

그들 앞에는 시커먼 수녀복을 입은 수녀 몇 명이 무표정한 모습으로 서 있었어요.

"아빠, 언제 우리를 데리러 올 거예요?"

아버지를 물끄러미 바라보며 가브리엘이 말했어요.

"곧 데리러 오마."

아버지는 그 말을 남기고는 마차를 타고 떠나 버렸어요. 가브리엘은 멀어져 가는 마차를 향해 소리쳤어요.

"아빠, 빨리 오세요! 기다릴게요!"

가브리엘의 볼에 눈물이 흘렀어요. 줄리아는 가브리엘의 손을 꼭 잡아 주었어요.

오바진 수도원은 고아원이자 기숙 학교이기도 했어요. 부모가 없는 아이뿐만 아니라, 부잣집 소녀들도 맡아서 교육하고 있었지요.

당시 학생들은 따뜻한 난로가 있는 넓은 방에서 묵었어요. 하지만 가브리엘과 줄리아의 방은 난로가 없는 다락이었어요.

"아이, 추워!"

매일 아침 가브리엘은 손에 입김을 호호 불며 식당으로 향했어요. 그 모습을 본 몇몇 아이들이 가브리엘을 불쌍한 눈으로 쳐다보았어요.

"뭐야? 왜 그런 눈으로 나를 보는 거지? 우린 조금 있으면 나갈 거야. 알았어?"

가브리엘이 화를 내며 쏘아붙였어요. 그녀는 자신을 불쌍한 눈빛으로 바라보는 아이들의 시선을 견딜 수 없었어요.

"가브리엘, 이제 그만해."

줄리아가 점잖게 가브리엘을 타일렀어요.

"아빠가 곧 우릴 데리러 올 거야. 지금 미국에 있어서 오지 못하는 거야."

가브리엘은 좀처럼 기분이 나아지지 않았어요. 그래서 말도 안 되는 거짓말을 했어요.

그 당시 미국은 나날이 번창하여 눈부신 발전을 이루었어요. 많은 사람들이 돈을 벌고 꿈을 이루기 위해 미국으로 떠났어요.

'아빠는 우리를 잊은 게 아니야. 성체성사가 있는 날에 드레스를 꼭 보내 주실 거야.'

수도원의 가장 큰 행사인 성체성사에서는 하얀 드레스를 입는 것이 전통이었어요. 하지만 아버지는 드레스를 보내기는커녕 단 한 번도 가브리엘을 만나러 오지 않았어요.

물론 가브리엘도 아버지가 자신을 데리러 오지 않을 거라는 사실을 알고 있었어요.

어머니가 세상을 떠났을 때, 아버지는 어린 동생인 앙트와네트를 먼 친척 집에 보냈고, 남동생 두 명을 농장의 일꾼으로 보냈어요. 그리고 가브리엘과 줄리아를 수도원으로 보냈지요.

그 후로 가브리엘은 아버지를 만나지 못했어요.

수도원 생활은 무척 엄격했어요.

매일 미사를 드리고 찬송가를 불렀어요. 그리고 바느질과 자수, 집안일 같은 것을 배웠어요. 가브리엘은 지루하고 시시한 생활이 답답했어요.

수도원에서 외출할 수 있는 날은 오직 일요일뿐이었어요. 그것도 수도원을 감싸고 있는 숲을 벗어날 수 없었어요.

수도원 주변으로 넓은 밭과 농장이 있었어요. 그곳에서는 채소를 키우고 닭과 토끼를 길렀어요.

아이들은 밭에 채소를 심거나 동물 돌보는 일을

했어요. 또 우유로 치즈나 버터 만드는 일을 배웠어요. 하지만 가브리엘은 이런 일들이 지루하고 재미없었어요.

"일하기 싫어! 정말 지루해!"

줄리아는 불평하는 가브리엘을 다독여가며 밭과 농장으로 끌고 갔어요.

'이곳은 나에게 맞지 않아! 어서 나가고 싶어!'

가브리엘은 수도원 생활에 좀처럼 적응하지 못했어요. 자존심이 세고 반항심이 강한 가브리엘은 툭하면 수녀들에게 꾸지람을 들었고, 이곳의 다른 아이들과도 어울리지 못했어요.

그나마 흥미를 갖고 하는 것이 바느질이었어요.

큰 천을 가위로 자르고 꿰매서 옷을 만드는 일이 좋았어요. 자신에게 어울리는 옷을 마음대로 만들 수 있었으니까요.

당시 프랑스에서는 바느질 일감이 많았어요. 성인이 되어 수도원을 나가서도 바느질로 먹고 살 수 있었기 때문에 아이들도 열심히 배웠어요.

오바진 수도원은 다른 곳에서 맡긴 옷을 수선해서 돈을 벌었어요. 이 일은 주로 수도원에 있는 아이들이 맡아 했어요. 아침부터 저녁까지 바느질하느라 쉴 틈이 없었어요.

가브리엘은 꽉 막힌 수도원의 생활처럼 정해진 옷감에 정해진 방식대로 바느질하는 단순한 일을 그다지 좋아하지 않았어요.

그래서 틈틈이 자신의 옷을 만들었어요. 하얀 블라우스와 사각 주름이 있는 치마였어요.

"음, 치마 길이를 조금 짧게 하고 블라우스 옷깃을 좀 더 펼쳐야겠어. 그래야 더 예쁠 거야."

가브리엘은 온종일 거울 앞에 서서 치맛단을 올려 보거나 블라우스의 옷깃을 접었다 펼치기를 반복했어요.

'봐, 이쪽이 더 예쁘잖아. 근데 바꿀 수가 없어.'

그녀는 거울을 보며 깊은 한숨을 내쉬었어요. 수도원에서는 정해진 옷을 입어야 했기 때문에 마음대로 고쳐 입을 수 없었어요.

수도원에서 지내는 동안 가브리엘은 틈만 나면 공

상에 빠졌어요. 공상은 외롭고 힘든 생활을 버틸 힘이었어요.

가브리엘은 성당에서 미사를 드릴 때마다 햇빛에 반사된 스테인드글라스가 만들어 내는 무늬에 관심을 보였어요. 그 무늬는 'C'라는 철자가 서로 교차한 모양이었어요.

훗날 스테인드글라스에서 보았던 두 개의 C가 오늘날 가장 유명한 로고 중 하나가 되었지요.

가브리엘은 수도원 바닥에 깔린 돌에 자주 시선을 빼앗겼어요. 수도원 바닥에는 하얀 조약돌 사이로 검은 돌이 박혀 있었는데, 마치 그림이나 글자처럼 보였어요.

어느 날 가브리엘은 바닥에 있는 검은 돌을 이으면 숫자 5가 된다는 것을 발견했어요. 그 후로 '5'는 그녀가 가장 좋아하는 숫자가 되었어요.

어느덧 가브리엘은 열 일곱 살이 되었어요. 이곳에서는 수녀가 되고 싶은 사람을 제외하고는 열여덟 살이 되면 수도원을 나가야 했어요.

그녀는 열여덟 살인 줄리아를 따라 수도원을 나가기로 결심했어요.

'내가 살 곳은 내 스스로 정할 거야. 그리고 내가 하고 싶은 일, 나만 할 수 있는 일을 찾을 거야.'

가브리엘의 검고 커다란 눈은 언제나 그런 생각으로 반짝 빛났어요.

그녀는 덜컹거리는 마차 위에서 숲으로 둘러싸인 수도원을 돌아보았어요.

숨이 막힐 듯한 고요한 나날들. 삭막한 회색 건물, 그리고 하얀 벽과 검은 문.

그날 이후 수도원의 모습은 가브리엘의 가슴속에 깊이 새겨졌어요.

2 가수가 된 코코

가브리엘과 줄리아는 프랑스 중부의 물랭에 있는 노트르담 기숙 학교에 들어갔어요.

물랭은 상업이 발달한 부유한 도시 중 하나였어요. 수도원이 있었던 시골과는 비교도 할 수 없을 만큼 높은 건물과 다양한 물건, 많은 사람들로 거리가 북적거렸어요.

이곳에는 막냇동생인 앙트와네트와 가브리엘보다 나이가 어린 고모 아드리엔도 함께였어요.

가브리엘과 아드리엔은 고모와 조카 사이였지만 누구보다 가까운 단짝이었어요.

그 둘은 물랭의 거리를 돌아다니며 이곳저곳을 구경했어요.

"와, 이곳은 정말 멋져! 내가 꿈꾸던 곳이야."

가브리엘의 눈에는 물랭의 모든 것이 신기하고 아름다웠어요. 마치 이 도시의 주인공이 된 것처럼 황홀한 기분마저 들었지요.

"이렇게 많은 가게가 있다니, 정말 놀라워."

"저기 시계탑도 있어!"

가브리엘과 아드리엔은 꿈을 꾸듯 물랭의 풍경들을 보며 감탄했어요.

밤이 되자, 도시의 불빛들이 아름답게 빛났어요.

"저 대저택에는 귀족들이 살고 있겠지?"

가브리엘은 말없이 한참을 서서 바라보았어요.

노트르담 기숙 학교는 수녀들에 의해 엄격하게 운영되는 곳이었어요. 가브리엘은 수도원에서의 생활과 마찬가지로 답답함을 느꼈어요.

1900년대는 수녀들이 방학을 제외하고는 학생들에게 외출을 허락하지 않았어요. 단지 일요일에 예배드리러 가거나 교회 행사를 도와주러 갈 때만 외출이 허락되었지요.

하루는 가브리엘이 교회 행사에 참석하고 기숙 학교로 돌아오는 길이었어요. 그녀는 마을의 작은 가게에서 일하는 사람들을 유심히 보았어요.

레스토랑에서 빵을 굽는 제빵사, 양복점에서 옷을 만드는 재단사 등 저마다 열심히 일하고 있었어요.

'나는 언제쯤 나의 일을 할 수 있을까?'

가브리엘은 열심히 일하며 살아가는 사람들의 모습을 보며 가슴이 답답해지는 것을 느꼈어요.

1903년, 스무 살이 된 가브리엘은 아드리엔과 함께 기숙 학교를 나왔어요.
　다행히 노트르담 기숙 학교에서 가브리엘과 아드리엔을 생트 마리라는 가게에 소개해 주었어요.
　생트 마리는 부잣집 부인들을 상대로 비싼 옷감과 스커트, 모자, 레이스 등을 파는 가게였어요. 또 낡

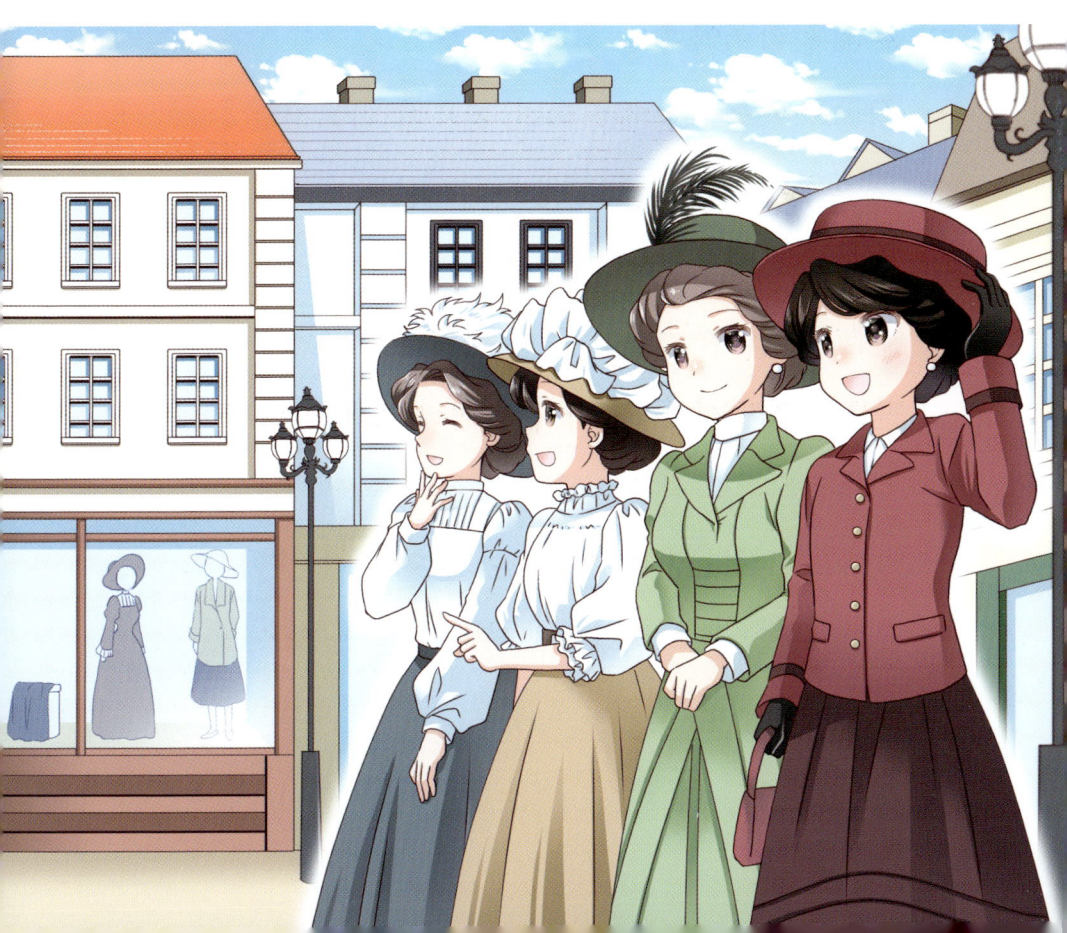

은 옷을 새롭게 수선해 주는 일도 했지요.

그동안 수도원에서 배운 바느질과 자수 덕분에 두 사람은 가게 주인에게 인정받았어요. 하지만 생트마리에서의 일은 쉽지 않았어요.

하루 열 시간씩 의상실에서 가져온 옷들을 수선해야 했어요. 재봉틀을 돌리고 바느질을 하다 보면 어느새 깜깜한 밤이 되었지요.

가브리엘은 정신없이 일하다가도 때때로 긴 한숨을 쉬었어요.

'휴~, 이건 수도원 때랑 바뀐 게 하나도 없잖아. 매일 다른 사람이 입다 만 옷이나 꿰매고 있고. 뭔가 특별한 일이 없을까?'

그러나 가브리엘의 생활은 크게 바뀌지 않았어요. 밤새도록 열심히 일했지만, 돈을 많이 벌지 못했어요. 집세를 내고 나면 늘 생활에 쪼들렸지요. 하지만 그녀는 꿈을 포기하지 않았어요. 일이 힘들고 생활이 어려울수록 성공하고 싶은 마음은 그 어느 때보다 뜨거웠어요.

어느 날, 가브리엘과 아드리엔이 가게 구석에 앉아 바느질을 하고 있을 때였어요. 가게에 옷 수선을 맡기러 들어온 군인 몇 명이 두 사람을 힐끗힐끗 쳐다보며 속삭였어요.

그 당시 물랭에는 프랑스 군대의 숙소가 있었어요. 키가 크고 제복을 차려입은 병사들은 여성들에게 인기가 많았어요.

병사들은 제복이 해지거나 단추가 떨어지면 가게에 수선을 맡기러 오곤 했어요.

평소 병사들은 성격이 밝고 자신감 넘치는 가브리엘과 상냥하고 차분한 아드리엔을 눈여겨보았어요.

한 병사가 두 사람에게 다가와 말했어요.

"저녁에 우리와 카페에 가지 않을래요?"

"예, 좋아요."

수줍음 많은 아드리엔이 얼굴을 붉히자, 가브리엘이 망설임 없이 대답했어요.

그 당시 프랑스는 예술과 문화가 번창하던 시기로, 거리는 예술가들로 넘쳐 났고 카페에서는 연일 음악회나 댄스파티가 열렸어요.

병사들을 따라 카페에 들어선 가브리엘과 아드리엔은 처음 본 광경에 깜짝 놀랐어요.

부드러운 카펫과 반짝이는 샹들리에, 화려한 옷을 입고 무대에서 노래하는 가수들.

가수의 노래가 끝나자, 사람들이 일제히 일어서서 환호성을 지르며 박수를 쳤어요. 당시 실력 있는 가수들은 신문과 잡지에 소개될 정도로 많은 인기를 얻었어요.

'그래, 이거야! 나도 가수가 될 거야.'

순간 가브리엘은 심장이 뛰는 것을 느꼈어요.

수도원에 있을 때 매일 찬송가를 불렀고, 이곳 물랭에서도 마을 합창단에 참가했기 때문에 노래에는 자신이 있었어요.

가브리엘은 카페 지배인에게 부탁했어요.

"노래하고 싶어요. 여기서 노래하게 해 주세요."

그녀의 노래를 들은 지배인은 흔쾌히 허락해 주었어요. 그날 밤, 가브리엘은 가수들이 노래하는 중간마다 무대에 올라가 노래를 불렀어요.

가브리엘은 노래를 썩 잘하는 편은 아니었지만, 마른 체형에 독특한 음색과 스타일이 손님들의 마음을 사로잡았어요. 그녀는 곧 카페에서 가장 인기 있는 가수가 되었지요.

가브리엘이 〈코코리코〉와 〈누가 트로카데로에서

코코를 보았는가?〉를 부르면 손님들이 함께 따라 부르기도 했어요.

"코코! 한 곡만 더 불러줘요!"

가브리엘이 무대에 오르면 사람들은 노래 곡명을 따라 그녀를 '코코'라고 외쳤어요. 그때부터 사람들은 가브리엘을 코코라고 불렀어요.

코코 샤넬이라는 이름은 그렇게 탄생한 거예요.

코코가 카페에서 노래한다는 이야기를 들은 가게 주인은 화를 내며 그녀를 쫓아냈어요.

그때만 해도 카페에서 노래 부르는 일을 좋게 보지 않았기 때문이지요.

"차라리 잘됐어. 이제 물랭을 떠나 더 큰 무대에서 노래할 거야!"

그녀는 물랭에서 50킬로미터 떨어진 비시로 가기로 결정했어요.

"코코, 정말 갈 거야? 그냥 이곳에 남는 게 어때?"

평소 그녀와 가깝게 지내던 발장이 진심을 담아 부탁했어요. 프랑스 병사인 그는 성격이 좋고 착해서 코코와 자주 만남을 가졌어요.

"난 여기서 멈출 수 없어. 더 큰 곳으로 나가 유명한 가수가 될 거야. 내 꿈을 이루고 싶어."

"코코, 요즘 너의 목소리가 좋지 않아."

발장은 걱정스러운 얼굴로 말했어요.

"내 목소리가 이상하다고? 지금 무슨 말을 하는 거지? 내 목소리는 아무 이상이 없다고!"

코코는 가수의 꿈을 포기할 수 없었어요. 그래서 발장에게 화를 내고는 물랭을 떠났어요.

비시는 여름을 보내기 위해 찾아온 사람들로 붐볐어요. 매일 밤 음악과 파티로 생기가 넘쳤지요.

코코는 한 카페에서 오디션을 봤어요.

"이 봐, 목소리도 제대로 나오지 않잖아. 그래서 노래할 수 있겠어!"

이후에도 몇 군데 오디션을 봤지만, 아무도 그녀를 받아 주지 않았어요. 코코는 깊은 낭떠러지로 떨어지는 기분이었어요.

그녀는 물랭에서 번 돈을 전부 노래와 춤을 배우는데 써 버렸어요. 그렇게 모은 돈이 점점 떨어지자 다시 일을 시작했어요.

코코는 사람들에게 '광천수'를 나누어 주는 일을 했어요.

광천수는 건강에 좋은 물로, 비시의 광장에 있는 작은 동굴 안쪽에서 흘러나왔어요. 비시에 온 사람들은 너도나도 그 물을 마시기 위해 몰려들었어요.

'지금 내가 뭘 하고 있는 거지? 가수가 되려고 이곳에 왔는데…'

여름이 지나고 가을이 되자, 사람들이 하나둘 떠나기 시작했어요. 도시는 잠든 것처럼 조용했어요.

휴업하는 카페도 점점 늘어나 더 이상 노래 부를 곳이 없어졌어요.

그녀는 무거운 마음으로 물랭으로 돌아갔어요.

"코코, 비시는 어땠어?"

그녀에게 말을 걸어 준 건 비시에 가지 말라고 말렸던 병사 발장이었어요.

그동안 발장은 부모에게 물려받은 유산으로 '루아

얄리외'라는 저택을 사들였어요.

숲과 정원으로 둘러싸인 그곳은 수십 개의 방과 파티를 즐길 수 있는 넓은 홀이 있었어요. 무엇보다 말을 기를 수 있는 목장과 승마를 할 수 있는 넓은 들판이 있었어요.

"코코, 지낼 곳은 정했어?"

"음… 그게… 말이야…"

코코는 당장 살 집을 구하지 못했기 때문에 우물쭈물했어요..

"코코, 너만 괜찮다면 우리 집에서 지내도 좋아. 나랑 식사도 같이 하고 말도 타자."

그날 이후 코코는 발장의 저택에서 살게 되었어요.

3 작고 귀여운 모자

아침 햇살이 창문을 통해 따사로이 비치고 있었어요. 모처럼 늦잠을 잔 코코가 눈을 뜨며 주위를 둘러봤어요. 어제와 모든 게 달라져 있었어요.

그때 똑똑 하는 노크 소리가 들렸어요.

"아가씨, 커피 드세요."

방으로 하녀 한 명이 커피를 갖다주었어요. 향긋한 커피의 향을 즐기며 코코는 한 모금 마셨어요.

'아, 나는 지금 꿈을 꾸고 있는 게 아닐까?'

그녀는 처음으로 일하지 않는 여유로운 하루하루를 보냈어요.

늦잠을 자거나 산책하고 음악을 들었어요. 맑은 날에는 정원에 나가 커피를 마시고 책을 읽었어요.

식사 준비나 청소 같은 귀찮은 일은 전부 하녀들이 맡아서 해 주었지요.

마치 공주가 된 것처럼 행복한 나날을 보냈어요.

발장의 저택은 성과 같이 멋졌어요.

깨끗하고 넓은 방과 벽에 걸린 수많은 그림, 그리고 아름다운 꽃들로 장식된 테이블 등 모든 것이 아름다웠어요.

'부자들은 모두 이렇게 사는구나.'

코코는 처음으로 부자들의 삶을 알게 되었어요. 발장의 저택에 놀러 오는 친구들 모두 귀족이나 부잣집 자제들뿐이었어요.

'만약 내 어린 시절을 알게 된다면 나를 상대해 주지 않을지 몰라. 비밀로 하자!'

코코는 자신의 어린 시절을 꾸며서 이야기했어요. 엄마는 일찍 돌아가시고 아버지가 미국에서 일을 하고 있어서 자신은 할머니 손에 엄격하게 컸다고 거짓말했지요.

그녀는 지금의 삶을 놓치고 싶지 않았어요.

발장의 저택에는 말을 탈 수 있는 승마장이 있었

어요. 코코는 발장과 친구들의 도움으로 승마를 배울 수 있었어요.

그런데 한 가지 문제가 생겼어요. 당시 여자들은 말을 탈 때도 발까지 내려오는 긴 치마를 입었어요. 치마를 입은 채 다리를 한쪽으로 모으고 옆으로 앉아서 몸을 웅크린 자세로 고삐를 쥐었지요.

코코도 처음에는 치마를 입고 말을 탔어요. 하지만 승마를 하면 할수록 치마를 입고 타는 것이 불편하게 느껴졌어요.

'이렇게 불편한 옷을 입고 어떻게 말을 타라는 거지? 무슨 좋은 방법이 없을까?'

코코는 말에서 몇 번이나 떨어질 뻔하자 화가 났어요. 그래서 양복점에 가 말을 돌보는 소년에게 빌린 승마 바지를 보여 주었어요.

"이것과 똑같은 바지를 만들어 주세요. 물론 제가

입을 거예요."

"아니, 아가씨…."

양복점의 재단사가 깜짝 놀라 말을 잇지 못했어요.

지금까지 여성용 바지를 만든 적도, 하물며 본 적도 없었지요. 하지만 코코의 간곡한 부탁을 거절할 수 없어서 바지를 만들어 주었어요.

그녀는 승마용 재킷과 넥타이도 주문했어요.

여느 날과 마찬가지로 코코가 말을 타기 위해 승마장으로 갔어요. 마구간 일꾼들이 그녀의 모습을 보고 놀라 똑바로 쳐다보지 못했어요.

코코는 남자들처럼 바지를 입고 다리를 벌려 말에

올라탔어요.

 '그래, 이렇게 편한 것을. 그동안 치마 때문에 말을 제대로 타지 못했어. 봐, 말의 움직임을 느낄 수 있잖아. 또 말을 타며 주위 풍경도 맘껏 즐길 수 있어! 그동안 남자들만 말을 편하게 탄 거잖아!'

 코코는 새로운 세계를 경험한 듯 흥분했어요. 하지만 승마장에 온 사람들은 그녀의 모습에 놀라 눈이 휘둥그레졌어요. 몇몇 사람들은 그녀를 흉보며 수군대기도 했어요.

 당시는 여자들이 바지 입는 것을 상상할 수 없을 때였어요. 하지만 코코는 아랑곳하지 않았어요.

 어느 주말에 발장이 친구들을 성으로 초대했어요. 모두 귀족 출신들로 화려하게 차려입고 왔지요.

 코코는 멀찍이 떨어져 앉아 여성들이 입은 옷을 유심히 살펴봤어요.

그녀들은 하나같이 화려한 드레스에 커다란 모자를 쓰고 있었어요. 모자는 전부 커다란 챙 위에 깃털과 리본, 화려한 꽃장식을 한 것들뿐이었어요.

'저런 커다란 모자를 쓰면 머리도 제대로 움직일 수 없을 거야. 머리에 잘 맞지도 않잖아.'

코코는 고민 끝에 자기가 쓸 모자를 스스로 만들기로 했어요.

'머리에 꼭 맞는 작은 모자를 만들어야지. 그러면 승마할 때도 벗겨지지 않을 거야. 모자챙은 작고 장식은 단순하게. 그래, 바로 이거야!'

코코가 만든 모자는 당시 유행하던 모자와 달리 크기가 작고 가벼워서 쓰기 편리했어요. 장식 또한 리본으로 깔끔하게 둘렀을 뿐이에요.

처음에는 이상하게 생각하던 사람들도 점점 관심을 보이기 시작했어요.

"코코, 내 것도 하나 만들어 줄 수 있어? 뭔가 세련되고 편리해 보여."

"정말요? 물론 만들어 드리고 말고요."

코코는 말할 수 없이 기뻤어요. 자신이 디자인한 모자를 다른 사람이 쓴다는 것이 신기했어요.

이후 그녀가 만든 모자는 사람들의 입소문을 타고 더 유명해졌어요. 점점 만들어야 하는 모자의 수가 늘어났어요.

여성들은 코코가 만든 모자를 쓰고 거울 앞에 서서 눈을 반짝였어요.

"너무 멋져! 이런 디자인은 처음이야."

"이렇게 편할 수가! 이제 다른 모자는 못 쓰겠어."

"맞아. 그동안 내가 쓰던 모자가 낡아 보여."

1900년의 프랑스 파리는 점점 새로운 시대로 접어들었어요. 에펠 탑이 세워진 지 11년이 지났고, 파리에도 지하철이 개통되었어요.

사람들도 세상이 바뀌고 있다는 것을 느꼈어요.

패션도 마찬가지였어요. 지금까지의 화려하고 과장

된 디자인에서 좀 더 편리하고 심플한 디자인을 선호하게 되었어요.

코코는 며칠 동안 방안에 틀어박혀 나오지 않았어요. 루아얄리외에서의 생활은 편하고 여유로웠지만, 마음이 허전했어요. 좀 더 가치 있는 일을 하고 싶었어요.

'모자를 더 만들고 싶어. 내가 디자인한 모자를 많은 사람들이 쓰게 된다면 얼마나 행복할까?'

그동안의 경험으로 코코는 자신감이 생겼어요. 더 이상 시간을 지체하고 싶지 않았어요.

'그래, 모자 가게를 열자!'

코코의 가슴에 작은 불꽃이 타올랐어요.

하지만 발장은 그녀의 생각을 이해하지 못했어요.

"코코, 일하지 않아도 지금처럼 즐겁게 살 수 있는데, 왜 고생하려는 거지?"

발장이 아는 여성들은 모두 상류층이어서 일하지 않고 유복하게 지냈어요.

그 당시 프랑스에서 일하는 여성들은 코코의 어머

니처럼 돈을 벌지 않으면 살 수 없는 가난한 집안의 사람들뿐이었어요.

"언제까지 이렇게 놀면서 지낼 수는 없어. 나는 내 일을 하고 싶어."

코코는 다른 여자들처럼 남자에게 기대어서 살고 싶지 않았어요. 직접 일해서 번 돈으로 자신의 삶을 책임지고 싶었어요.

"좋아, 네 생각이 그렇다면 더 이상 말리지 않을게. 대신 그 일이 지겨워지면 다시 돌아와."

발장은 코코가 가게를 할 수 있게 도와주었어요. 그녀는 반드시 성공해서 돌아오겠다고 다짐했어요.

4 파리의 모자 가게

1909년, 스물다섯 살이 된 코코는 파리의 마르젤브 거리에 작은 모자 가게를 열기로 했어요.

그때의 파리는 다양한 가게들이 즐비한 도시로 변해 있었어요. 수많은 카페와 레스토랑, 호텔의 불빛이 센강을 비추고 있었지요.

각 지역의 시인과 음악가, 화가들이 파리로 모여들었어요. 그리고 많은 패션 잡지가 철마다 유행하는 패션에 대해 소개했어요.

파리는 곧 문화의 중심지이자 패션의 도시로 거듭 났어요.

'반드시 성공하고 말겠어! 이 도시에서 가장 유명한 가게로 만들 거야!'

코코는 예전처럼 다시 생기가 넘쳐흘렀어요. 하지만 모자 가게를 여는 데 신경 쓸 일이 한둘이 아니었어요.

가게의 인테리어에서부터 함께 일할 점원을 뽑는 것도 모두 그녀가 해야 할 일이었지요.

코코는 가게를 자기 일처럼 관리해 줄 사람이 필요했어요. 그 일을 자신의 동생인 앙트와네트에게 맡겼어요.

다음은 실력이 뛰어난 재단사를 찾는 일이었어요. 자신의 디자인을 완벽하게 만드는 건 모두 재단사의 몫이기 때문이지요.

　다행히 발장의 도움으로 뤼시엔이라는 뛰어난 재단사를 스카우트할 수 있었어요.
　코코는 매일 열심히 모자를 만들었어요.
　'아니야, 이 디자인은 너무 낡았어. 좀 더 새로운 디자인이 없을까?'
　하루에도 열두 번 디자인을 고치고 또 고쳤어요. 그렇게 디자인이 완성되고 나면 재단사 뤼시엔과 함께 천을 자르고 바늘로 꿰매 모양을 다듬었어요.
　최대한 군더더기 없는 모자를 만들려고 노력했어

요. 모자 그 자체로도 사람들이 아름다움을 느끼길 바랐어요.

드디어 모자 가게가 문을 열었어요. 결과는 대성공이었지요. 많은 여성이 코코가 만든 모자를 사기 위해 가게로 찾아왔어요.

곧 파리의 귀부인들 사이에서 모자에 대한 소문이 퍼졌어요.

"정말 세련된 디자인이야."

"가벼워서 쓰기도 편하고, 움직임이 자유로워."

"이 모자를 쓰지 않고는 멋쟁이라고 할 수 없지!"

점점 손님들이 늘어나 작은 가게는 사람들로 붐비기 시작했어요.

'더 넓은 가게로 이사해야겠어. 이왕이면 번화가로 옮기는 것이 좋겠지?'

코코는 파리의 캉봉 거리 21번지로 모자 가게를

옮겼어요. 모자 가게를 연 지 2년 만의 일이었어요.

그녀가 가게를 옮길 수 있게 도와준 사람은 발장의 친구인 아서 카펠이었어요.

예전에 발장과 함께 피레네 지방에 있는 포라는 곳으로 사냥을 간 적이 있었는데, 그곳에서 코코는 카펠을 만났어요.

'정말 멋진 사람이야. 자신감도 있고 성실해 보여.'

처음 카펠을 본 순간 심장이 콩닥콩닥 뛰었어요.

영국에서 온 카펠은 거무스름한 피부에 잘생긴 얼굴, 초록색 눈동자를 가진 예의 바르고 다정한 사람이었어요.

코코가 지금껏 알고 지낸 남성들과는 모든 면에서 달랐어요. 그는 부모의 도움 없이 스스로 노력해서 석탄 사업을 성공시킨 사업가였어요.

"당신이 코코 샤넬 씨군요? 만나서 반가워요."

카펠도 성격이 활발하고 열정적인 코코에게 마음이 있었어요.

그렇게 두 사람은 연인이 되었고, 카펠의 집에서 함께 살게 되었지요.

그는 발장과 달리 그녀가 모자 가게를 운영하는 것을 적극적으로 도와주었어요.

"가게를 옮긴다고? 당신이라면 잘해 낼 거야."

카펠은 코코를 응원하면서 돈을 빌려주었어요.

코코는 가게 문 앞에 '샤넬 패션'이라고 쓴 간판을 커다랗게 걸었어요. 이제야 자신이 원하던 길을 가고 있다는 생각에 마음이 벅차올랐어요.

캉봉에서 다시 문을 연 가게는 예상했던 것보다 훨씬 반응이 좋았어요. 거리를 지나던 여성들이 쇼윈도의 새로운 모자에 시선을 뺏기고 가게 안으로 들어왔어요.

코코는 행복했어요. 처음 사업을 시작했을 때만 해도 이렇게까지 큰 성공을 거둘 거라고는 생각하지 못했기 때문이에요.

무엇보다 자신이 생각한 대로 디자인할 수 있다는 것이 가장 마음에 들었어요.

코코는 시간이 날 때마다 연극과 오페라 공연을

보러 다녔어요. 공연을 보면서 디자인에 대한 생각과 예술 감각을 키워 나갔어요.

가게가 잘 되면 잘 될수록 그녀는 더욱 바빠졌어요. 새로운 모자를 만들기 위해 매일 늦은 밤까지 가게에 홀로 남아 일했어요.

"코코, 돈을 쓸 때 수표를 사용하면 편할 거야. 여기에 금액을 적고 사인만 하면 돼."

카펠은 그녀가 은행에서 돈을 빌릴 수 있게 도와주었어요. 그날 이후, 코코는 은행에서 빌린 돈으로 비싼 재료들을 마구 사들였어요. 이제 부자가 되었으니 그 정도는 괜찮다고 생각했어요.

그러던 어느 날 카펠에게서 연락이 왔어요.

"코코, 어제 로이드 은행에서 전화가 왔는데… 당신이 돈을 많이 빌렸다고 하더군. 물론 심각한 문제는 아니지만…"

"은행에서 당신한테 전화했다고요? 왜 나한테 하지 않고… 설마…"

그동안 은행에서 돈을 빌릴 수 있었던 건 카펠 덕

분이라는 걸 알게 되었어요. 그녀가 빌린 돈을 갚지 못하면 카펠이 대신 갚아 주기로 했던 거지요.

'은행에서 돈을 빌려준 건 내가 아니라 카펠이었어. 그가 없으면 나는 아무것도 할 수 없는 건가?'

코코는 절망적인 심정으로 주저앉고 말았어요.

그녀는 자신이 아무리 노력해도 카펠과 같은 신분이 될 수 없다는 생각에 두렵기까지 했어요.

'카펠과 나의 사랑이 인정받을 수 있을까? 서로 다른 두 사람이 정말 사랑할 수 있을까? 나는 동등한 인간으로서 그를 사랑하고 싶어. 그게 가능할까?'

코코는 여러 가지 생각으로 머리가 복잡했어요.

5 '샤넬'의 시작

　1913년 여름, 코코는 카펠과 파리 북쪽에 있는 도빌로 휴가를 떠났어요. 그 도시는 돈 많고 신분 높은 사람들이 휴가를 보내기 위해 찾는 곳이었어요.
　그런데 그곳에서도 사람들은 정장 차림이었어요. 특히 여성들은 해변가를 산책할 때도 화려한 드레스를 입고 다녔어요.
　코코는 사람들의 모습을 유심히 관찰하며 마음속으로 생각했어요.

'좀 더 편한 옷을 만들어야겠어!'

당시 프랑스의 여성들은 외출할 때 허리가 가늘어 보이는 옷을 입었어요. 그것이 아름다움의 기준이었지요. 그래서 여성들은 드레스 안에 '코르셋'이라는 속옷을 입었어요.

코르셋은 가슴 아래부터 허리 위까지 감싸는 옷으로 뼈대는 금속과 고래의 뼈로 만들었어요. 코르셋에 달린 줄을 꽉꽉 조여서 허리를 가늘게 했어요. 그렇게 허리를 조인 뒤, 그 위에 프릴과 리본으로 꾸민 드레스를 입었어요.

드레스는 발뒤꿈치까지 치렁치렁 늘어져 있어 걸을 때마다 발에 치였어요. 또 발끝이 뾰족한 구두를 신었기 때문에 걷는 것조차 힘들었지요.

여성들은 오랜 기간 동안 아름다움을 위해 불편한 것을 참고 견뎌 왔어요.

　몸을 굽히거나 식사할 때 움직임이 자유롭지 못했고, 심지어 숨 쉬는 것조차 마음대로 못 했어요.

　한번은 큰 화재로 많은 여성들이 희생된 일이 있었어요. 긴 옷자락과 꽉 조인 코르셋 때문에 빨리 달릴 수 없었기 때문이지요.

　코코가 뭔가 결심한 듯 카펠에게 말했어요.

　"카펠, 나 부티크를 갖고 싶어."

　부티크는 옷이나 장신구를 파는 가게였어요.

　"편하고 실용적인 옷을 만들 거야. 물론 아름다움

도 포기할 수 없지."

"그런 옷이라면, 지금 코코가 입고 있는 거 아니야?"

카펠의 말에 코코가 옷깃을 여미며 웃었어요.

그녀는 당시 남성들이 입는 옷처럼 재킷을 걸치고 발목 위까지 오는 치마를 입었어요. 장식도 단조로워 활동하기에 편리한 옷이었지요.

거리를 지나는 여성들이 코코를 힐끔힐끔 쳐다보았어요. 그 가운데는 부럽다는 듯 눈을 찡긋하는 사람도 있었어요.

"파리보다 리조트가 있는 도빌이 어때? 그곳에는 많은 여성들이 휴가를 보내러 오잖아."

카펠이 들뜬 목소리로 말했어요.

"오, 그거 좋은 생각인데!"

코코는 카펠의 조언대로 리조트가 있는 도빌에 부

티크를 열었어요.

　도빌은 해변가를 따라 고급스러운 호텔과 레스토랑이 줄지어 있었어요. 그 사이사이로 가게들이 자리하고 있었지요.

　"코코, 축하해!"

　카펠이 커다란 꽃다발을 들고 찾아왔어요.

　"고마워. 다 당신 덕분이야."

　코코는 사랑스러운 눈빛으로 그를 바라보았어요.

　"카펠, 이 로고 어때? 한번 봐줄래?"

　가게 지붕에는 햇빛을 가릴 수 있는 하얀색 차양이 설치되어 있었어요. 그 차양 위에 검은색 글자로 'CHANEL(샤넬)'이라는 문자가 쓰여 있었어요.

　"이 가게와 잘 어울리는 디자인이야."

　훗날 이 문자 디자인은 전 세계의 샤넬 매장에 쓰이게 되었어요.

그때 가게에 들어온 한 여성이 가게에 진열된 재킷을 입으며 말했어요.

"어머? 가볍고 감촉이 너무 좋아요."

"네, 니트로 만들었어요."

"이 옷은 산책할 때도 편할 것 같아요."

"물론이지요. 코르셋을 벗고 입어 주세요."

그 모습을 가게 한편에서 지켜보던 카펠이 흐뭇한 미소를 지었어요.

여름이 다가오자, 큰 도시에서 사람들이 휴가를 보내기 위해 도빌로 몰려들었어요.

코코는 고모인 아드리엔과 동생 앙트와네트를 가게로 불러 일을 돕게 했어요.

"언니, 다녀왔어. 거리에 사람들이 엄청 많아."

"그래? 사람들 반응은 어땠어?"

코코는 막 산책에서 돌아온 아드리엔과 앙트와네

트를 붙들고 다급하게 물었어요.

두 사람은 코코가 디자인한 치마와 재킷을 입고 모자를 쓰고 있었어요. 여성들이 산책하는 시간에 맞추어 마을과 해안가를 돌아다녔어요.

"응, 사람들 반응은 좋았어. 우리를 부러운 눈으로 바라보더라고."

"한 여성은 가게 이름을 묻기도 했어."

그날 이후 가게를 찾는 사람들이 늘어났어요. 그녀들은 한결같이 샤넬 옷을 마음에 들어 했어요.

그러나 유럽 대륙은 전쟁의 먹구름이 짙게 깔리고 있었어요. 1914년, 프랑스와 독일 사이에 전쟁이 선포되었어요.

도빌은 갑자기 텅 빈 도시처럼 조용했어요. 더 이상 파티가 열리지 않게 되었고, 화려한 드레스를 입은 여성들도 좀처럼 보이지 않았어요.

호텔과 레스토랑도 문을 닫고 휴업에 들어갔어요.

젊은 남성들은 전쟁터로 속속히 떠났어요. 카펠도 군대에 가게 되었어요.

"카펠, 나는 가게를 파리로 옮길 거야. 그곳에서 당신을 기다릴 테니, 건강하게 돌아와야 해."

"가게를 옮긴다고?"

"응, 이제 이곳에는 더 이상 손님이 오지 않아."

"코코, 안 돼. 지금 파리는 위험해. 이곳에서 가게를 지키고 있어. 분명 사람들이 돌아올 거야."

카펠은 그 말을 하고 서둘러 전쟁터로 떠났어요.

8월이 되자, 카펠의 말처럼 도빌에 사람들이 다시 찾아오기 시작했어요.

그들은 적군을 피해 파리에서 온 사람들이었어요. 대부분 별장을 가진 부자들이었어요.

전쟁이 일어났을 때 도빌에 있던 부티크도 하나같

이 가게를 닫고 떠났어요. 그때 남아 있던 건 '샤넬' 부티크뿐이었어요.

전쟁을 피해 급하게 떠나온 사람들이라 미처 옷을 챙겨 오지 못했어요. 여성들은 홀로 남은 코코의 가게로 몰려들기 시작했어요.

코코는 입기 편한 블라우스와 치마, 장식이 단조로운 모자 등을 손님에게 추천했어요.

이곳 도빌에도 이따금 독일군의 공습을 알리는 사이렌이 울려 퍼졌어요. 그럴 때마다 여성들은 계단을 내려와 지하로 숨어야 했지요.

자동차나 운전사도 없고, 그녀들을 도와줄 하녀도 없었기 때문에 뛰거나 계단을 내려갈 때 편한 옷들이 필요했어요. 그것은 코코가 디자인한 옷과 딱 맞아떨어졌어요.

전쟁은 날이 갈수록 점점 더 심해졌어요. 부상을

입은 병사들이 도빌까지 실려 왔어요.

　고급 호텔을 임시 병원으로 사용하고, 여성들이 다친 병사들을 간호했어요.

　국가에서는 여성들에게 흰옷에 앞치마를 입도록

명령했어요. 그러나 옷을 구하는 것은 쉽지 않았어요. 겨우 호텔 창고에서 프릴이 달린 긴 앞치마를 찾았을 뿐이었어요.

"이 옷을 입고 어떻게 간호하라는 거지? 좀 더 편한 옷이 필요해."

간호를 맡은 여성들이 코코를 찾아갔어요.

"이 옷을 간호복으로 고쳐 주세요. 부탁해요."

"좋아요, 제가 고쳐 볼게요."

코코는 매일 쉬지 않고 옷을 고치느라 바빴어요.

한편, 파리는 전쟁 때문에 완전히 변했어요. 대부분의 가게는 문을 닫았고, 거리에는 사람들의 모습을 좀처럼 볼 수 없었어요.

하지만 파리에 있는 코코의 가게는 문을 닫지 않았어요. 때때로 여성들이 우울한 기분을 달래기 위해 그녀의 가게를 방문했어요.

코코는 도빌의 가게를 직원에게 맡기고 파리로 떠났어요. 그곳에서 카펠을 만났어요.

카펠은 군대에 갔지만 전쟁터에 보내지지 않고 석탄을 군대로 보내는 일을 했어요. 그리고 가끔 파리로 돌아왔어요.

"카펠, 무사해서 다행이야."

"코코, 보고 싶었어!"

코코의 두 눈에 눈물이 흘렀어요. 두 사람은 포옹하며 서로의 사랑을 확인했어요.

6 화려한 성공

 코코와 카펠은 전쟁을 피해 비아리츠로 떠났어요. 스페인 국경에서 가까운 비아리츠는 푸른 바다가 아름다운 마을이었어요.
 그곳은 전쟁을 피해 유럽 각지에서 온 부자들과 귀족들로 거리가 붐볐어요.
 "멋진 마을이야. 이곳에 가게를 열면 어떨까?"
 코코는 비아리츠에 가게를 열면 성공할 거라는 자신감에 차 있었어요.

"좋아. 난 언제나 당신 편이야."

이번에도 카펠은 그녀가 가게를 여는 데 큰돈을 빌려주었어요.

1915년, 코코는 넓은 정원이 있는 '빌라 드 라랄드'라는 이름의 큰 별장을 빌려 가게를 열었어요.

이 가게는 일부 상류층들을 위한 고급 의상실로 비싼 옷들이 많았어요.

"코코, 옷이 너무 비싼 것 같은데?"

카펠이 걱정스럽게 물었어요.

"걱정하지 마. 사람들이 나를 신뢰한다면 옷이 비싸더라도 분명 사게 될 거야."

그동안 옷을 팔면서 느낀 자신감이었어요.

코코는 이곳에서 처음으로 패션쇼를 열었어요.

그녀를 비롯해 전 직원이 밤을 새우며 수십 벌의 드레스를 만들었어요.

키 크고 날씬한 모델들이 그녀가 디자인한 드레스를 입고 무대 위를 걸었어요.

그녀의 옷을 보기 위해 수많은 사람이 모여들었고, 패션 잡지사의 기자들이 취재하러 왔어요.

"자, 한번 입어 보세요. 옷은 눈으로만 봐서는 몰라요. 옷을 입고 이리저리 움직여 봐야 그 아름다움을 느낄 수 있답니다."

코코가 자신감에 찬 얼굴로 사람들을 향해 말했어요. 그러자 사람들이 하나둘 옷을 입어보기 시작했어요. 그야말로 성공적인 패션쇼였지요.

어느 날, 한 남자가 코코를 찾아왔어요. 그는 손에 원단을 들고 있었어요.

"이 원단을 한번 보세요. 당신이라면 관심을 가질 것 같아서요."

그것은 '저지'라는 원단으로, 손으로 짜지 않고 기계로 만든 옷감이었어요. 저지는 주로 남성용 속옷이나 운동복, 바지를 만드는 데 사용했어요.

코코는 원단을 만지며 미소를 지었어요. 저지의 가벼움과 신축성이 마음에 들었기 때문이에요.

"이런 옷감으로 여성 옷을 만들면 품질이 떨어지지 않나요?"

코코는 일부러 그를 떠보기 위해 물어보았어요.

그는 허둥대며 대답했어요.

"실은 이 원단은 남성용 속옷이나 운동복을 만들 때 사용하는 거예요."

"그런데 왜 가지고 오셨어요?"

"한 번에 원단을 너무 많이 만들어서요. 그건 팔고 남은 거예요."

"하하하, 정말 솔직하시군요."

코코는 자기도 모르게 큰 소리로 웃어 버렸어요.

사실 그녀는 이 원단으로 드레스를 만들면 좋겠다고 생각했어요. 가볍고 신축성이 뛰어났거든요. 그리고 손으로 짠 원단보다 가격도 쌀 거라고 생각했지요.

"그럼, 팔고 남은 천 전부 주세요."

코코의 말에 그가 깜짝 놀라며 말했어요.

"예? 전부요? 이 원단을 전부 산다는 말인가요?"

"네, 맞아요. 이 원단으로 드레스를 만들 거예요. 지금 가지고 온 것보다 더 많이 만들어 주세요."

코코는 바로 디자인 작업에 들어갔어요.

'이 천은 부드러워서 실밥이 터지기 쉽겠어. 좀 어렵겠는걸? 그래도 할 수 있어. 내가 입고 싶었던, 그런 옷을 만들어 보자.'

그녀는 원단을 재단하고 옷을 만들었어요. 그렇게 완성된 드레스는 단순한 모양이었어요.

몸매가 드러나지 않고 장식도 거의 없었어요. 놀라운 것은 치마 길이를 줄여 발목이 드러나게 했어요.

이 옷을 본 여성들은 깜짝 놀랐어요.

"이런 옷은 지금까지 본 적이 없어!"

"발목이 보이다니! 두근거려."

그것은 '저지 드레스'라 불리며 바다를 넘어 미국의 패션 잡지에도 소개되었어요. 이제 전 세계에서 샤넬의 파격적인 패션에 관심을 보이기 시작했어요.

코코는 저지를 소재로 한 여러 가지 스타일을 선보였어요. 단순하면서도 실용적인 디자인은 단시간에 사람들의 마음을 사로잡았어요.

그들은 계급에 상관없이 그녀가 만든 옷을 입기

위해 파리와 도빌, 그리고 비아리츠에 있는 가게로 몰리기 시작했지요. 그녀는 서서히 파리 패션계의 중요한 사람으로 자리 잡게 되었어요.

'이번엔 내가 입고 싶었던 '바지'를 만들 거야.'

그녀는 계속해서 새로운 옷을 만들었어요. 저지 드레스를 선보인 이후, 여성들을 위한 '홈웨어'를 발표했어요. 홈웨어는 집에서 입기 편한 옷이에요.

셔츠블라우스와 바지가 한 벌인 파자마 스타일의 옷이었어요.

당시 프랑스 여성들은 집에서 잠을 잘 때도 원피스 잠옷을 입었어요. 여성이 바지를 입는 경우는 거의 없었지요.

'나는 바지가 좋아. 이런 편한 옷을 남자만 입는 건 좀 불공평하지 않아?'

이미 승마 바지를 입어 본 코코는 여성들에게 바지

의 편리함을 알려 주고 싶었어요.

 결국 이 옷은 여성들 사이에서 바지를 유행시킨 첫 출발점이 되었지요.

 '머리 스타일도 바꿔야겠어! 옷에 맞는 스타일로!' 코코는 머리를 싹둑 잘라 단발머리를 했어요. 앞머리는 둥글게 파마를 했지요.

 "코코, 머리 스타일이 대담한데!"

 대부분의 프랑스 여성은 파마머리를 했어요. 그들

사이에서 코코의 단발머리는 단연 화제였지요. 이후 그녀의 머리 스타일을 따라 단발머리를 한 여성들이 늘어났어요.

코코는 패션부터 머리 스타일까지 유행을 이끌고 다녔어요.

전쟁은 좀처럼 끝나지 않았어요.

파리를 시작해 여러 도시에서는 물과 음식이 부족했어요. 사람들은 점점 야위고 지쳐갔어요.

그리고 전쟁터로 떠난 남자들을 대신해 여성들이 사회 활동을 해야 했어요. 공장에서 일을 하며 가정을 돌봤어요. 종종 남자를 대신해 여성들이 자동차 운전을 해야 할 때도 있었지요.

이런 사회적인 변화는 여성들의 옷에서 드러났어요. 불편하고 거추장스러운 옷을 입고는 힘든 일을 할 수 없었어요. 또 적군의 공습으로 도망가야 할 때도 편한 옷이 필요했어요.

어쩌면 활동하기 편한 샤넬 패션이 성공한 것은 당연한 일일지도 몰라요.

사람들은 너나 할 것 없이 그녀가 만든 옷을 입기 시작했어요. 밀려드는 주문으로 직원의 수도 늘어났어요. 코코는 매일 밤을 새우며 옷을 만들었어요.

하지만 그녀의 성공은 다른 디자이너들의 질투심을 자극했어요.

전쟁으로 파티가 열리지 않자 더 이상 화려한 드레스가 필요 없게 되었고, 많은 디자이너가 어려움을 겪었어요. 그래서 코코의 성공을 시기한 몇몇 디자이너들이 그녀의 패션을 두고 '형편없는 옷'이라고 악담하기도 했지요.

코코는 가볍게 웃어넘기며 이렇게 말했어요.

"비싼 옷이 아니어도 충분히 멋질 수 있어요."

그녀의 자신감은 사람들을 더욱 열광하게 만들었어요.

샤넬 패션은 나날이 번창했어요. 이제 직원 수만 수백 명에 달했어요.

직원들은 밤늦게까지 옷감을 재단하고 재봉질했어요. 코코는 하나하나 바느질을 검사하고 확인했어요.

"옷에 구김이 있어요. 다림질하도록 해요."

"이 바느질은 '샤넬 옷'이라고 할 수 없어요. 다시 하세요."

그녀는 작은 바느질도 놓치지 않고 완벽한 옷을 만들기 위해 노력했어요. 이것이 세계에서 가장 유명한 '샤넬'을 탄생시킨 배경일 거예요.

코코의 나이 서른세 살이 되었어요.

그동안의 사업 성공으로 가게 매출이 늘고 은

행에 돈이 쌓여 갔어요.

'이제 카펠에게 돈을 갚을 때가 되었어.'

코코는 그동안 도움을 준 카펠에게 빌린 돈을 전부 돌려주었어요.

비아리츠에 있던 가게 건물도 돈을 주고 구입했어요. 또 파리의 캉봉 거리에 있던 가게를 좀 더 큰 곳으로 이사했어요. 그곳은 현재도 샤넬의 본점으로 쓰고 있지요.

'이제 누구에게도 기대지 않고 혼자 힘으로 살 수 있어! 드디어 나는 자유를 얻은 거야.'

수도원에 있을 때부터 그녀는 혼자 힘으로 살 수 있는 힘을 기르고 싶었어요. 그것을 위해 지금까지 쉼 없이 달려왔던 거예요.

그녀가 성공할 수 있도록 도움을 준 발장과 카펠의 얼굴이 스쳐 갔어요. 동시에 그들에 대한 감사한 마음이 솟구쳤어요.

 '만약 그 두 사람이 없었다면 내가 이 자리에 올 수 있었을까?'

 순간, 코코의 눈에 감격의 눈물이 맺혔어요.

 '나는 그 누구보다 당당한 여성으로 성공했어! 이제 카펠과 동등해. 그를 열등감 없이 사랑할 수 있게 되었어.'

 코코는 오랫동안 카펠과의 결혼을 꿈꿔 왔어요. 하지만 한편으론 불안한 마음이 엄습해 왔어요.

7 이별과 좌절

햇빛이 유난히도 밝은 일요일 오후였어요.

그런데 카펠의 얼굴이 평소와 달리 딱딱하게 굳어 있었어요. 코코는 무언가 안 좋은 일이 있다는 것을 직감했어요.

"카펠, 무슨 일이야? 안 좋은 일이라도 있어?"

그는 고개를 숙인 채 천천히 입을 열었어요.

"나… 결혼…을 하게 되었어."

"뭐라고? 그게 무슨 말이야?"

코코는 입술을 꽉 다문 채 카펠을 바라보았어요.

머릿속이 하얗게 변했고, 심장이 멈춰 버린 느낌이었어요.

카펠은 빠르게 말했어요.

"코코, 결혼을 할 수밖에 없는 날 용서해 줘."

그녀는 카펠이 왜 귀족 출신의 여자와 결혼하려는지 알고 있었어요. 그는 집안이 좋지 않았기 때문에 사업하는 데 어려움이 많았어요.

그래서 귀족 출신의 딸과 결혼해 사업적으로 도움을 받고 싶었기 때문이에요.

'카펠은 나보다 집안을 선택한 거야?'

코코는 가슴이 아팠어요. 하지만 지금으로서는 할 수 있는 게 아무것도 없었지요.

"코코, 이것만은 믿어 줘. 비록 다른 여자와 결혼하지만, 내가 사랑하는 사람은 코코 당신뿐이야. 앞으로도 그 생각은 바뀌지 않을 거야."

그는 코코의 어깨를 잡으며 힘주어 말했어요.

"싫어! 왜 나를 떠나는 거지? 어떻게 카펠이 내게 이렇게 잔인한 말을 할 수가 있어!"

그녀는 가슴이 찢어지는 고통을 느꼈어요. 당장이

라도 쓰러질 것만 같았지요. 하지만 카펠에게 약한 모습을 보이고 싶지 않았어요.

"당신이 다른 여자와 결혼해야 한다면, 더 이상 말리지 않을게. 그렇게 해."

코코는 표정 없는 얼굴로 차갑게 말했어요.

"고마워. 그리고 미안해."

카펠은 조심스럽게 말하고는 집을 떠났어요.

그의 모습이 보이지 않자 코코는 자리에 주저앉아 하염없이 눈물을 흘렸어요. 하늘이 무너지는 것 같은 고통이 찾아왔어요.

그녀는 입을 꼭 다문 채 소리 죽여 울었어요.

그렇게 힘든 나날이 지나갔어요.

1918년 1월, 드디어 전쟁이 끝났어요.

거리 곳곳에 평화를 알리는 종소리가 울려 퍼지며, 도시는 다시 활기를 띠기 시작했어요.

다음 해인 1919년, 크리스마스를 하루 앞둔 날이었어요. 코코가 크리스마스를 위해 음식을 만들고 선물을 준비하고 있었어요.

그때 초인종 소리가 다급하게 울렸어요. 문 앞에는 카펠의 친구가 울먹이며 서 있었어요.

"코코, 놀라지 마. 카펠이 자동차 사고로 죽었어."

그녀는 얼음처럼 몸이 굳는 것 같았어요. 손이 떨리고 몸에 힘이 쫙 빠졌어요.

"뭐? 카펠이 어떻게 되었다고? 지금 무슨 말을 하는 거야? 며칠 전까지 나와 함께 있었는데…"

카펠이 결혼한 후에도 코코는 그와 좋은 관계를 유지하고 있었어요. 크리스마스를 가족과 함께 보내기 위해 얼마 전에 그녀의 집을 떠났지요.

코코는 지금 무슨 일이 일어난 건지 알 수 없었어요. 세계가 흔들리고 무너져 보였어요.

지금 머릿속에 떠오르는 생각은 카펠을 만나야 한다는 것뿐이었어요.

"카펠이 있는 곳으로 나를 데려다줘요."

그녀는 친구의 자동차를 타고 사고 현장으로 갔어요. 자동차는 미끄러운 눈길을 달려 18시간 만에 사고가 난 칸에 도착했어요.

이미 그곳은 사고 처리가 끝난 상태였어요.

카펠은 병원으로 옮겨졌고, 그곳엔 부서진 자동차만 처참하게 남아 있었어요.

코코는 그 자리에 주저앉아 흐느껴 울었어요.

"안 돼! 카펠… 카펠!"

그녀는 카펠의 죽음을 받아들일 수 없었어요. 바로 며칠 전까지만 해도 서로 웃으며 이야기하던 그였기 때문이지요.

어느새 날이 어두워지고 바닥은 차가운 눈으로 뒤덮였어요. 코코가 힘없이 자리에서 일어나 눈물을 닦았어요.

"카펠, 고마웠어. 당신이 아니었다면 나는 아무것도 할 수 없었을 거야. 영원히 기억할게."

하지만 슬픔은 여기서 끝나지 않았어요.

1920년, 동생 앙트와네트가 스스로 목숨을 끊었다는 소식을 들었어요.

도빌에서 처음 가게를 열 때부터 코코의 일을 도와주던 동생이었어요. 코코는 언제나 그녀의 곁에서 힘이 되어 주던 동생을 잃고 망연자실*했어요.

그 후, 코코는 파리 근교에 있는 새 저택에 틀어박혀 지냈어요. 온종일 아무것도 먹지 않고 사람들도 만나지 않았어요.

그녀의 가슴은 복잡한 감정으로 휘몰아쳤어요.

*망연자실(茫然自失) : 멍하니 정신을 잃음.

8 예술가들과의 만남

곤돌라 한 척이 잔물결을 일으키며 운하를 천천히 지나고 있었어요.

코코는 파리에서 만난 폴란드 친구 미시아와 그녀의 남자 친구와 함께 곤돌라를 타고 베네치아를 여행하고 있었어요.

그들을 태운 곤돌라는 하늘 높이 솟은 탑과 아치를 그린 예배당, 돌이 깔린 광장 등을 차례로 지나고 있었어요.

　카펠과 동생을 잃고 슬픔에 잠겨 있던 코코를 베네치아로 데리고 온 건 미시아였어요.
　"너무 멋진 곳이야. 오래된 건물과 멋진 예술 작품이 전시된 거리. 도시 전체가 미술관 같아."

코코의 눈에 아름다운 베네치아의 풍경이 펼쳐졌어요.

"코코, 이제 기분이 좀 나아졌어?"

"그래, 모처럼 숨 쉴 수 있을 것 같아."

그동안 코코는 프랑스를 한 번도 떠난 적이 없었어요. 매일 바쁘게 일하느라 여행할 시간이 없었지요.

이탈리아 베네치아는 그녀가 처음으로 떠난 해외여행이었어요.

"오늘 저녁은 내가 살 테니, 맛있는 걸 먹어요."

미시아의 남자 친구인 세르트가 말했어요.

사실 미시아와 세르트는 얼마 전에 결혼식을 올리고 베네치아로 신혼여행을 온 거예요.

신혼여행 중에 코코를 초대한 것이지요.

그들은 이탈리아의 이곳저곳을 다니며 그림도 감상하고 맛있는 음식도 먹었어요.

코코는 여행을 하면서 입맛도 되찾고 건강도 점점 좋아졌어요.

파리에 살고 있는 미시아는 예술가 친구들이 많았어요. 시인이자 소설가인 장 콕토와 작곡가 스트라빈스키는 그녀의 오랜 친구였지요. 또 발레 공연을 연출하는 디아길레프와 스페인에서 온 화가 피카소까지 폭넓게 예술가들과 만남을 이어왔어요.

미시아의 남편 세르트도 유명한 화가였지요.

코코는 미시아의 소개로 예술가들의 모임에 들어가게 되었어요. 그곳은 젊은 예술가들의 열정과 패기로 생기가 넘쳤어요.

러시아에서 온 디아길레프는 새로운 발레 공연을 준비하고 있었어요. 그는 볼 때마다 자신감이 넘치고 항상 바쁘게 무언가를 했어요.

그와 함께 발레 음악을 만들고 있는 스트라빈스키

는 진지하고 차분한 사람이었어요. 디아길레프가 그의 재능을 인정해 작곡을 부탁한 거였지요.

가장 독특했던 사람은 스페인에서 온 화가 피카소였어요. 그는 화풍이 자주 바뀌었고, 음악과 미술을 합친 실험적인 예술을 준비했어요.

소설가 장 콕토가 피카소를 도와 전시회를 준비 중이었지요. 이처럼 여러 예술가들이 서로 도우며 새로운 작품을 탄생시키고자 노력했어요.

그들은 미시아의 집이나 카페에서 자주 모임을 하며 이야기를 나누고 토론을 했어요. 때로는 의견이 맞지 않아 심하게 다투기도 했지요.

코코는 한쪽에서 조용히 앉아 그 모습을 바라보았어요.

'어쩜 저렇게 열정적일까? 불안해 보이는 모습 속에 창작의 기쁨이 느껴져.'

그녀는 자신이 그 예술가들에 비하면 한참 부족하다고 생각했어요.

'나도 질 수 없지. 새로운 것을 위해 도전할 거야. 어쩌면 그것이 카펠의 바람일지도 몰라.'

그녀는 새로운 희망으로 가슴이 벅차올랐어요.

이후 예술가들과의 만남을 이어온 코코는 패션 사업으로 벌어들인 돈으로 공연하는 데 어려움을 겪는 가난한 예술가들을 도와주었어요.

9 '샤넬 넘버5'의 탄생

파리로 돌아온 코코는 다시 일에 몰두했어요.

이번에 그녀가 새롭게 선보인 것은 향수였어요.

작년에 어느 한 파티에 초대받아 참석한 적이 있었어요. 파티장 안에 들어서는 순간 달콤한 향수가 코를 자극했어요.

파티에 참석한 여성들이 코코 앞을 지나칠 때면 강한 향이 주위에 퍼졌어요. 향이 너무 강해 손수건으로 코를 막아야 했지요.

 '향수를 얼마나 뿌린 거지? 향이 너무 강해서 머리가 어지러울 지경이야.'

 코코는 여성들이 뿌리는 향수가 지나치게 독하다고 생각했어요.

 당시 프랑스 여성들 사이에서는 몸에 향수를 뿌리는 것이 유행이었어요. 주로 장미꽃이나 제비꽃, 재스민으로 만든 향수였지요.

그때는 한 가지 꽃으로만 향수를 만들었기 때문에 향을 맡으면 어떤 꽃인지 금세 알아차렸어요.

그 향수는 처음에는 진한 향이 났지만, 시간이 가면 이내 사라지고 말았어요. 그래서 사람들은 오래도록 향을 간직하기 위해 많이 뿌려야 했지요.

파티장 안은 온통 꽃향기로 가득 찼어요.

'향이 오래 남는다면 향수를 많이 뿌리지 않아도 되지 않을까?'

이런 생각이 들자 코코는 향수에 관심을 갖기 시작했어요.

그때 한 남성이 다가와 인사했어요.

"안녕하세요. 이렇게 만나 뵙게 되어 영광입니다. 저는 에르네스 보라고 해요."

러시아에서 온 에르네스 보는 화학자이자 향수 제조가였어요.

"네, 안녕하세요. 그런데 이 향은 뭐죠? 처음 맡아 보는 향인데…."

"얼마 전에 제가 완성한 향수예요. 한번 맡아 보시겠어요?"

그는 향수를 담은 조그만 병을 내밀었어요. 코코는 뚜껑을 열고 향을 맡아 보았어요.

그 향은 산뜻하면서도 신비로웠어요.

코코는 그동안 수많은 향수의 향을 맡아 봤지만, 지금과 같은 향수는 처음이었어요. 뭔가 말로 표현할 수 없는 향이 코 주변으로 퍼져 나갔어요.

코코는 그 자리에서 그와 계약하고, 새로운 향수를 만들어 달라고 부탁했어요.

"사람들 기억 속에 오래 남는 향수를 만들어 주세요. 은은하면서도 오래 남을 수 있는…."

"당신과 어울리는 향수를 만들어 올게요."

그리고 몇 달 후, 그가 코코를 찾아왔어요. 그의 손에는 다섯 개의 조그만 병이 들려 있었어요.

"향수를 완성했어요. 한번 맡아 보세요."

코코는 눈을 감고 하나하나 냄새를 맡았어요.

"이건 너무 달콤하고, 이건 좀 약하고…."

마지막 다섯 번째 병의 뚜껑을 열고 향을 맡자, 지금까지 맡아 보지 못했던 상쾌하고 달콤한 향이 뿜어져 나왔어요.

'어? 이 향은 어떤 꽃향기지? 은은하면서도 향이 오래 남아. 그래, 바로 이거야. 내가 찾던 향수!'

코코는 눈을 번쩍이며 말했어요.

"이 다섯 번째 향수로 할게요. 그런데 이 향수는 어떤 꽃으로 만들었지요?"

"이 향수는 재스민에 18종의 다른 향을 첨가했어요. 또 향을 지속하기 위해 합성 향료를 섞었지요."

코코는 향수에 어울리는 병을 디자인했어요. 며칠을 고심한 끝에 정사각형의 유리병에 하얀 상표를 붙인 향수병을 완성했어요.

향수 제조가인 보는 그 병의 디자인이 마음에 들지 않았지만, 다른 사람도 아닌 코코가 디자인한 것이라 믿어 보기로 했어요.

코코는 이 향수의 이름을 '샤넬 넘버5'로 정했어요. 이제까지의 향수는 '사랑', '꿈' 등의 사랑스러운 이름이 대다수였어요. 디자이너의 이름과 숫자를 상품명으로 한 건 그야말로 획기적이었지요.

1921년, 코코는 본격적으로 향수를 판매하기 시작했어요. 그녀는 이 향수를 사교계의 중심에 서 있는 여성들에게 선물했어요.

"새로 나온 향수예요. 한번 뿌려 보세요."

"샤넬 넘버5? 이름이 특이하네요."

"향수병도 독특해요. 정사각형이라…."

향수를 건네받은 여성들은 고개를 갸우뚱했어요. 하지만 이내 향을 맡고는 하나같이 환호하기 시작했어요.

"이 향은 대체 뭐죠? 처음 맡아 보는 향이에요."

"상쾌하고 달콤하고. 정말 신비로운 향이에요."

"역시 샤넬이 만들면 향수도 새롭군요."

코코의 작전은 대성공이었어요. '샤넬 넘버5'의 소문은 삽시간에 퍼져나갔고, 여성들이 가장 많이 찾는 향수가 되었지요.

다음으로 선보인 것은 검정색 드레스였어요.

코코는 오바진 수도원을 나올 때 마차에서 보았던 풍경을 기억했어요. 하얀 벽과 검은 문, 그리고 회색 건물.

'수도원에서 지내는 것은 답답했지만, 그 안에서 보았던 색채는 아름다웠어.'

코코가 검정색 드레스를 세상에 내놓자 사람들은 놀라움을 감추지 못했어요.

유럽에서는 장례식에서나 검정색 옷을 입었어요. 평상시에 검정색 옷을 입은 여성들을 거의 찾아볼 수 없었지요.

게다가 코코가 만든 드레스는 옷깃이 없고 허리 부분이 넉넉한 디자인이었어요. 치마는 폭을 좁히고 단조롭게 만들었지요. 코코를 시기한 다른 디자이너들은 검정색 드레스를 보며 조롱했어요.

"코코는 왜 여성이 초라해 보이는 옷을 만드는 거지? 도무지 그녀의 패션 세계를 이해할 수 없어!"

그럴 때마다 코코는 다음과 같이 말했어요.

"검정색 드레스를 입으면 옷보다 그 옷을 입은 사람에게 집중할 수 있어요."

코코는 옷이 아닌 사람에게 집중하기를 바랐던 거예요.

이 '검정색 드레스'는 패션 업계의 걱정과 달리, 많은 여성에게 사랑을 받았어요.

화려하지는 않지만 세련된 디자인이 여성들의 마음을 사로잡았기 때문이에요.

이후로도 코코는 파격적인 제품을 출시했어요.

1928년, 트위드 천으로 만든 슈트*를 발표했어요. 슈트 안에 입는 블라우스를 바꾸면 여러 가지로 코디할 수 있어 화려한 장신구와 잘 어울리는 디자인

---

*슈트 : 상의와 하의를 같은 천으로 만든 한 벌의 양복.

이었어요.

이 슈트는 '샤넬 슈트'라고 불리게 되었어요.

다음 해에는 어깨에 메는 '숄더백'을 만들었어요.

당시 여성들의 가방은 손에 들고 다니는 클러치백과 핸드백뿐이었어요.

크기가 작아서 립스틱이나 손수건 같은 물건만 넣을 수 있었어요. 또 한 손을 쓸 수 없어 불편할 때가 많았지요.

그런 생각에 빠져 있을 때, 전쟁에서 병사들이 사용하는 가방을 보게 되었어요. 병사들은 그 가방을 한쪽 어깨에 메고 다녔어요.

'그래, 바로 이거야! 가방을 한쪽 어깨에 메면 양손을 쓸 수 있어. 그리고 좀 더 크게

만들면 물건을 많이 넣을 수 있지.'

그렇게 탄생한 숄더백은 여성들에게 많은 인기를 얻었어요.

지금껏 코코가 디자인한 제품은 '실용성'에 중점을 두었어요. 예쁘지만 불편한 디자인을 과감하게 버리고, 편리한 디자인을 중심으로 획기적인 제품을 만들었어요.

그녀가 만든 제품은 모두 성공적이었고, 사람들은 '코코 샤넬' 제품에 열광했어요.

캉봉 거리 31번지에 있는 가게는 온통 유리로 되어 있어 사람들의 시선을 사로잡았어요. 햇살이 비추면 검정과 하얀색의 실내가 훤히 들여다보였어요.

코코는 매년 신작을 발표하기 위해 캉봉에서 컬렉션을 열었어요. 컬렉션은 디자이너들이 작품을 모아 사람들에게 소개하는 발표회예요.

그녀는 며칠 동안 잠도 못 자고 식사도 거의 하지 않은 채 컬렉션을 준비했어요.

원단을 자르고 디자인한 옷을 만들어 모델에게 입혀 보기를 수십 번.

매일 가게 안에는 코코의 날카로운 목소리가 울려 퍼졌어요.

"소맷자락이 길잖아! 다시 고쳐!"

"이곳은 좀 더 동그랗게! 단추를 1밀리미터 아래로 내리라고!"

디자인 수정은 컬렉션 시작 전까지 계속되었어요.

컬렉션이 시작되면 코코는 원형 계단 일곱 번째 객석에 앉아 패션쇼를 보았어요.

객석은 관객과 잡지사 기자들로 가득 찼어요.

코코가 디자인한 옷을 입은 모델들이 무대 위를 걷자 관객에서는 일제히 환호성이 쏟아졌어요.

그녀의 가슴이 감동으로 벅차올랐어요.

'이번에도 대성공이야!'

10 위기의 코코 샤넬

 코코는 그 누구보다 바쁜 하루하루를 보냈어요. 이미 코코 샤넬 지점이 20여 개가 넘었고, 4천 명의 직원을 둔 큰 회사로 성장했어요.

 시간이 갈수록 코코의 인기는 높아졌어요.

 그러나 이런 행복도 얼마 지나지 않아 무너지고 말았어요.

 1936년 6월의 어느 날, 코코는 캉봉 거리에 있는 본점이 '파업'에 들어갔다는 소식을 들었어요.

그때 코코는 리츠 호텔에서 지내고 있었어요. 그 소식을 듣자마자 급하게 본점으로 달려갔지요.

평소와 달리 거리는 어수선하고 시끄러웠어요.

캉봉 거리에 다다르자 수십 명의 직원들이 가게 앞에 나와 있었어요.

"이 가게에 들어갈 수 없습니다!"

직원들이 모두 가게 앞에 나와 그녀를 막아섰어요.

"네? 지금 뭐라고요?"

"우리는 오늘부터 파업합니다. 일을 안 한다고요!"

코코는 직원들이 하는 말을 이해하지 못했어요. 왜 일을 안 한다는 건지, 또 왜 내 가게에 들어가지 못하게 하는 건지 알 수 없었지요.

그 당시 프랑스의 여러 기업에서는 파업이 일어나고 있었어요. 파업은 직원들이 자신의 권리와 이익을 보호하기 위해 일을 하지 않는 거예요.

직원들은 일하는 시간은 늘어나는데 돈은 적게 받자 화가 났어요. 그래서 임금을 인상하고, 돈을 받으면서 쉴 수 있는 휴가를 원했어요.

그들은 '노동조합'*을 만들고, 자신들의 조건이 받아들여질 때까지 일을 하지 않거나 회사와 공장, 가게에 들어오지 못하게 막아섰어요.

코코는 왜 이런 일이 일어나는지 전혀 몰랐어요. 그동안 상류 사회에서만 지냈기 때문에, 현재 프랑

---

*노동조합 : 노동자의 노동 조건 개선 및 사회적·경제적인 향상을 목적으로 노동자가 조직한 단체.

스의 기업과 작업장에서 어떤 일이 벌어지는지 알지 못했어요.

"왜 내 가게에 못 들어간다는 거죠? 이 가게는 내 거라고요!"

코코는 직원들에게 신경질적으로 쏘아붙였어요.

"우리의 요구 조건을 들어주기 전까지 이 가게 안에는 들어갈 수 없습니다!"

그들은 금방이라도 코코를 부숴 버릴 것처럼 소리 높여 외쳤어요.

'내 가게, 내가 만든 가게인데 왜 들어갈 수 없다는 거지? 난 그들에게 돈도 주고 휴가도 줬는데, 뭐가 불만이라는 거야!'

코코는 도무지 직원들을 이해할 수 없었어요.

그렇게 시작된 파업은 '샤넬' 가게도 위험하게 만들었어요.

　호텔로 돌아온 코코는 머리가 복잡했어요. 그동안 가족이라고 생각했던 직원들이 자신을 배신한 것에 분노가 치밀었어요.

　무엇보다 일할 공간을 빼앗겼다는 것이 절망적이었어요. 그것도 다른 사람이 아닌 직원들이라는 사실이 그녀를 더욱 비참하게 만들었지요.

며칠 뒤, 코코는 노동조합의 대표와 대화를 나누었어요. 그들은 일하는 시간을 줄이고 임금을 올려 달라고 했어요. 또 더 많은 휴가를 원했어요.

코코는 고개를 좌우로 흔들었어요.

"당신들이 원하는 조건을 모두 들어줄 수는 없어요. 임금은 올려 줄 테니 일은 그대로 합시다!"

"아니요. 우리가 원하는 조건을 모두 들어줄 때까지 일하지 않겠어요!"

직원들의 표정은 그 어느 때보다도 강하고 단호하게 보였어요. 대화는 며칠 동안 이어졌고, 코코는 조바심이 나기 시작했어요.

'이대로 가게를 열지 못하면 여름 컬렉션을 맞추지 못해. 컬렉션은 디자이너의 목숨과도 같은 거야.'

코코는 하는 수 없이 직원들의 요구를 모두 들어주었어요.

곧 파업이 끝나고 아무 일 없었다는 듯이 코코와 직원들은 컬렉션 준비에 한창이었어요.

그러나 시련은 멈추지 않았어요.

1939년 9월, 또다시 전쟁이 시작되었어요.

코코는 향수와 장신구 사업만 남기고 가게 문을 닫기로 결정했어요. 자신도 리츠 호텔에서 캉봉 거리가 내려다보이는 작은 방으로 옮겼어요.

그렇게 전쟁으로 부서진 도시를 숨죽이며 지켜보는 나날이 계속되었어요. 오랜 시간 동안 유럽을 넘어 세계를 지배했던 코코 샤넬의 시대가 저물고 있었어요.

1945년 여름, 약 6년간 계속되었던 전쟁이 드디어 끝났어요.

코코는 스위스로 여행을 떠났어요. 그곳에서 암울한 전쟁으로 피로해진 몸과 마음을 풀었어요.

다행히 전 세계에 '샤넬 넘버5'가 잘 팔리고 있어 경제적으로는 안정적이었어요.

코코는 호텔에서 한가롭게 알프스산맥을 바라보며 책을 읽었어요. 하지만 며칠 지나지 않아 금세 지루해졌어요.

'아, 심심해. 이제 내 곁에 아무도 없구나. 내가 사랑하던 사람들이 모두 떠났어.'

1950년, 그녀의 단 하나뿐인 친구 미시아 역시 하늘나라로 떠났어요.

호텔에서 무료한 나날을 보내던 어느 날, 코코는 패션 잡지를 보게 되었어요.

꽃잎처럼 활짝 핀 긴 플레어스커트와 높은 구두를 신은 여성 모델 사진이었어요. 그것은 크리스티앙 디오르의 디자인이었어요.

디오르는 코코가 패션 업계를 떠나고 새롭게 등장

한 디자이너였지요.

'아름다워. 그런데 조금 불편할 것 같은데….'

디오르의 디자인은 코코가 이제까지 만들었던 움직임이 편한 옷과는 전혀 달랐어요.

하지만 그녀가 놀란 건 그가 향수도 만들었다는 거였어요. 그것도 '샤넬 넘버5'와 같이 디자이너의 이름을 상표명으로 내세운 '미스 디오르'였지요.

코코는 패션 업계를 떠난 지 10년 만에 다시금 의욕이 불타올랐어요.

'아직 나는 할 일이 남았어! 나만의 옷을 다시 만들고 싶어!'

11 코코 샤넬의 부활

코코는 스위스에서의 생활을 정리하고 다시 파리로 돌아왔어요.

코코가 파리에 도착했을 때 수많은 취재진이 대기하고 있었어요. 그녀는 취재진 앞에서 당당하게 옷을 다시 만들 거라고 선언했어요.

그녀는 킹봉 거리에 있는 '샤넬' 본점을 다시 열었어요. 예전에 함께 일했던 직원도 불러들였지요.

그렇게 패션 업계를 떠난 지 15년 만에 그녀는 디자

이너로서 다시 옷을 만들었어요. 그녀의 나이 일흔 살이었어요.

1954년 2월, 캉봉 거리의 본점에는 패션 잡지의 기자와 신문 기자로 넘쳤어요. 영국과 미국에서 온 기자도 있었어요.

새롭게 복귀한 코코 디자이너의 '샤넬 컬렉션'을 취재하기 위해서였지요.

코코는 전과 같이 원형 계단의 일곱 번째에 앉아 쇼를 내려다보았어요.

모델들은 검정색 드레스와 심플한 웨딩드레스를 입고 무대 위를 당당히 걸어 나왔어요. 코코는 자신에 찬 눈빛으로 그 모습을 지켜보았지요.

하지만 환호성으로 가득할 거라 생각했던 발표회장은 아무 반응이 없었어요. 관객들은 곤란한 얼굴을 하거나 입을 다물고 있었어요.

'이게 무슨 일이지?'

그녀는 무언가 잘못되었다는 것을 알게 되었어요.

다음날 신문에는 '샤넬 컬렉션 대실패', '시대에 뒤처진 패션'이라는 기사만 올라올 뿐이었어요.

'역시 내가 디자인하기에는 너무 늙은 걸까?'

코코는 이런저런 생각을 하며 캉봉 거리의 가게 앞까지 걸어왔어요. 그런데 가게 안에는 직원들이 그녀를 기다리고 있었어요.

"미안해요, 여러분. 이번 컬렉션은 실패했어요."

직원들은 눈물을 글썽이며 그녀를 바라보았어요.

"이제 나는 너무 늙어버렸어요. 예전의 감각이 살아나지 않아요."

코코는 담담하게 말하고 돌아섰어요.

그때 직원 한 명이 그녀를 잡으며 말했어요.

"그렇지 않아요. 당신에겐 남들이 갖지 못한 재능이 있어요. 우리는 그것을 믿어요."

"맞아요! 우리 다시 시작해요."

직원들 모두가 한결같은 마음으로 그녀를 바라보았어요. 그녀의 눈에서 뜨거운 눈물이 흘렀어요.

'그래, 나는 혼자가 아니었어. 이들과 함께라면 다시 시작할 수 있어!'

코코와 직원들은 다시 일을 시작했어요.

언제나처럼 코코는 원단과 가위를 들고 바쁘게 움

직였어요. 몸은 힘들었지만 마음만은 어느 때보다 행복했어요.

일 년 후, 코코는 다시 패션쇼를 열었어요.

코코를 비롯해 대기실에 있던 직원과 모델들도 모두 긴장했지요. 그들은 이번 패션쇼가 어떤 의미를 갖는지 누구보다 잘 알고 있었어요.

그녀는 마지막까지 모델들의 의상을 하나하나 꼼꼼히 살피며 확인했어요.

"그동안 모두 고생했어요. 이제부터가 시작이에요. 무대에서 마음껏 즐기다 오세요!"

조명이 켜지고 패션쇼가 시작되었어요.

모델들이 당당한 모습으로 무대 위를 걸어 나왔어요. 취재 기자와 관객들은 그 모습을 숨죽이며 지켜보았어요.

패션쇼가 끝나고 코코가 모델들과 함께 무대 위로

올라왔어요. 사람들은 모두 자리에서 일어나 열렬한 박수를 보냈어요.

일흔이 넘은 나이에도 식지 않는 열정에 그들은 감탄과 존경의 마음을 전했어요.

발표회장에 울려 퍼진 박수 소리가 지붕을 뚫고 전 세계로 뻗어 나가는 듯했어요.

'난 아직 살아 있어. 내가 샤넬이고, 나는 곧 스타일이야.'

코코는 관중석을 바라보며 다시금 힘을 얻는 듯했어요.

다음날 미국의 한 잡지에 이런 기사가 올라왔어요.

'샤넬이 가져온 것은 혁명이다.'

코코는 드디어 패션 업계로 다시 돌아왔어요.

새로운 샤넬 패션은 사람들에게 인기를 끌며 전 세계로 퍼져 나갔어요.

거리에는 샤넬 스타일을 한 여성들이 눈에 띄었고, 어디를 가나 화제를 모았어요. 이제 그녀는 패션의 아이콘으로 사람들 머릿속에 남겨지게 되었어요.

'내가 지금껏 만든 건 한때의 유행이 아니라 '스타일'이야. 유행은 금방 지나가 버리지만 스타일은 영원히 변하지 않아.'

샤넬이 만든 건 옷이 아니라 '스타일'이었어요.

여성들이 자유롭게 움직일 수 있는 편안한 옷, 단조롭지만 세련된 아름다움을 갖추고 자신만의 스타일을 연출할 수 있는, 그런 것이 바로 코코가 추구해 온 '샤넬 스타일'이었어요.

그 후로도 코코는 디자인을 멈추지 않았어요.

1955년에는 1929년에 만든 숄더백을 고쳐 새로운 스타일로 발표했어요. 검은색 퀼팅 패턴 가방에 황금색 사슬 모양의 어깨끈을 달았어요. 또 중앙에 'CC CHANEL'의 로고를 박았지요.

지금까지 전 세계에서 사랑받고 있는 '샤넬' 제품은 대부분 코코의 손에서 태어난 거예요.

그녀는 이후에도 17년 동안이나 일을 계속했어요.

12 여성을 자유롭게

화창한 일요일 오후, 캉봉 거리는 여느 때처럼 사람들로 붐볐어요. 그 속에서 여든 살의 한 노인이 벤치에 앉아 지나가는 사람들을 보며 흐뭇한 미소를 짓고 있었어요.

'세월이 많이 흘렀어. 패션도 달라졌지. 내가 젊었을 때만 해도 모든 여성이 화려한 드레스에 꽃으로 장식한 커다란 모자를 쓰고 다녔는데…'

코코는 '샤넬 슈트'를 입고 숄더백을 멘 여성들이

바쁘게 일터로 향하는 모습을 보며 옛날 일을 떠올렸어요.

'패션으로 여성들에게 자유를 찾아 준 거야.'

코코는 한참을 벤치에 앉아 생각에 잠겼어요.

'수도원에서의 나는 연약한 소녀에 불과했어. 그랬던 내가 지금은 패션 업계의 살아 있는 전설이 된 거야. 그 자리에 서기까지 한순간도 게으름을 피우지 않았어.'

코코가 살던 시대는 여성이 사회에 나가 일하는 것이 자유롭지 않았어요. 더군다나 가난하고 보잘것없던 시골 소녀가 사회적으로 성공하는 것은 하늘에서 별을 따는 것처럼 힘든 일이었어요.

하지만 코코는 자신감이 넘쳤어요. 타고난 감각과 끊임없는 노력으로 그 시대를 대표하는 패션 디자이너가 되었지요.

1971년 1월의 어느 추운 날, 코코는 리츠 호텔의 작은 방에서 죽음을 맞이했어요. 그녀의 나이 여든일곱이었지요.

그녀는 세상을 떠나기 전까지 일을 계속했어요.

아흔이 가까운 나이에도 열정을 놓지 않고 일에 매달렸던 그녀가 바로 코코 샤넬이에요.

1999년 미국 잡지는 20세기 패션에 가장 큰 영향을 미친 디자이너로 코코 샤넬을 꼽았어요.

그녀는 화려하고 복잡한 옷이 최고라고 생각하는 사람들에게 단순하고 편안한 옷의 멋스러움을 가르쳐 주었어요. 또 검정색이 그 어떤 색보다 아름답다는 것을 보여 주었지요.

무엇보다 허리를 조이

는 코르셋이 없어도 여성의 몸이 얼마든지 아름다울 수 있다는 것을 증명해 보였어요.

그녀의 패션은 여성들에게 자유를 선물하였고, 역사에 길이 남을 신화가 되었어요.

자신을 믿고 앞으로 나아가는 용기, 그리고 자유를 찾고자 하는 뜨거운 마음. 코코가 자신의 삶을 통해 우리에게 보여 준 값진 선물이에요.

이제는 상표가 되어 버린 그녀의 이름 '샤넬'.

지금도 샤넬은 전 세계 사람들이 가장 좋아하는 명품으로 자리 잡았으며, 우리의 생활 속에 살아 숨 쉬고 있어요.

코코 샤넬 연표

1883년	0세	프랑스 소뮈르라는 마을에서 태어남.
1895년	12세	언니와 함께 오바진의 수도원에 맡겨짐.
1903년	20세	가수가 되어 '코코'라는 이름으로 불리게 됨.
1908년	24세	파리의 마르젤브 거리에 모자 가게를 엶.
1909년	25세	아서 카펠과 만남.
1910년	26세	파리의 캉봉 거리 21번지로 가게를 옮김.
1912년	28세	도빌에 부티크를 엶.
1915년	31세	비아리츠에 부티크를 열고 패션쇼를 발표함.
1918년	34세	캉봉 거리 13번지로 가게를 옮김.
1921년	37세	향수 '샤넬 넘버5'를 판매함.
1939년	55세	향수와 장신구를 남기고 가게 문을 닫음.
1954년	70세	패션 업계로 복귀하고, 신작 컬렉션을 발표함.
1971년	87세	파리의 호텔 리츠에서 세상을 떠남.

올바른 독서 방법

올바른 독서 과정은 글을 읽기 전, 읽는 중, 읽은 후로 구분해요. 특히 책을 읽은 후에 하는 활동은 논리력과 표현력을 높이는 데에 반드시 필요하답니다.

독서 과정	독자의 역할
읽기 전	· 제목이나 차례를 보고 내용 상상하기 · 표지와 본문의 글, 그림 등을 보며 내용 예측하기 · 공책에 궁금한 점 적기
읽는 중	· 글의 내용이나 장면을 머릿속에 떠올리기 · 글 속에 숨어 있는 내용이나 글쓴이의 생각 파악하기 · 인상적인 표현과 중요한 내용에 밑줄을 긋거나 따로 표시하기 · 읽기 전에 궁금했던 내용 확인하기
읽은 후	· 줄거리를 요약하고 주제 파악하기 · 글에 대한 자신의 생각 정리하기 · 등장인물이 되어 상상하기

더 생각해 보기

1 코코 샤넬은 한 시대를 사로잡은 패션 업계의 전설이 되었어요. 이 책에서 가장 기억에 남는 장면이 있나요? 어떤 장면인지 소개하고, 그 이유도 함께 써 보세요.

2 코코 샤넬은 힘든 상황 속에서도 꿈을 위해 열심히 노력했어요. 여러분도 이루고 싶은 꿈이 있나요? 꿈을 위해 어떤 노력을 하고 있는지도 써 보세요.

더 생각해 보기

3 내가 만약 패션 디자이너가 된다면 어떤 옷을 디자인하고 싶은지 상상해서 그려 보세요. 그리고 코코 샤넬에게 멋진 상장도 선물해 주세요.

상

이름 **코코 샤넬**

위 사람은

이 상장을 수여합니다.

년   월   일

이 책을 읽은 _____

편지 쓰기

코코 샤넬에게 편지를 써 보세요.

코코 샤넬을 도와준 아서 카펠에게도 편지를 써 보세요.

독서 기록장

도서명

지은이

등장인물

기억에 남는 장면

줄거리와 느낀 점

독서 기록장 **등장인물**

이름

모습을 그리세요.

어떤 사람인지 쓰세요.

이름

모습을 그리세요.

어떤 사람인지 쓰세요.

글 카나지 나오미
일본 사이타마현에서 태어난 작가는 현재 일본아동문학예술가협회 회원으로 활동하고 있습니다. 지금도 작업실에서 어린이들을 위한 좋은 책을 쓰기 위해 노력하고 있습니다. 그가 쓴 책으로는 《안녕, 고양이 손》, 《마타기에서 길러진 곰》, 《쉽게 읽을 수 있는 비주얼 전기 클레오파트라》, 《신전기 평화를 가져온 사람들》, 《모하메드 알리》 등 다수가 있습니다.

그림 토모
일본 나가사키현에서 태어난 일러스트레이터로, 현재 만화가로 활동하고 있습니다. 어린이들을 위한 동화책부터 성인 도서, 만화, 잡지, 사보 등 다양한 그림을 그리며 폭넓게 활동하고 있습니다. 특히 고양이 그림 그리는 것을 좋아합니다.

감수 츠카다 토모코
게이오기주쿠대학에서 상업 경영학과 박사과정을 수료했습니다. 도요대학의 경영학부 마케팅학과 교수를 거쳐, 현재는 도요대학 명예 교수로 활동하고 있습니다. 저서로는 《액션 브랜드의 기원 : 푸아레와 샤넬의 마케팅》, 《패션 마케팅》 외 다수가 있고, 감수한 도서로는 《코믹판 세계의 전기》, 《코코 샤넬》 등이 있습니다.

번역 김태길
단국대학교를 졸업하고, 일본 도쿄에서 생활하며 어린이책에 관심을 갖게 되었습니다. 지금은 출판사를 운영하면서 꾸준히 일본 아동 도서를 소개하고 번역하는 일을 하고 있습니다. 번역한 책으로는 《언제까지나 함께 있을 거야》, 《반 고흐》, 《에디슨》 등이 있습니다.

2024년 4월 9일 1판 1쇄 발행

글 **카나지 나오미** | 그림 **토모**
감수 **츠카다 토모코** | 번역 **김태길**
펴낸이 **문제천** | 펴낸곳 **㈜은하수미디어**
편집진행 **문미라** | 편집 **방기은** | 편집 지원 **도희**
디자인 **정수연, 김해은** | 제작책임 **문제천**
주소 **서울시 송파구 송이로32길 18, 405 (문정동, 4층)**
대표전화 **(02)449-2701** | 팩스 **(02)404-8768** | 편집부 **(02)3402-1386**
출판등록 **제22-590호** (2000. 7. 10.)
ⓒ 2025, Eunhasoo Media Publishing Co., Ltd.

Coco Chanel
ⓒN.Kanaji & Tomo 2024
First published in Japan 2024 by Gakken Inc., Tokyo
Korean translation rights arranged with Gakken Inc.
Through JM Contents Agency Co.

이 책의 한국어판 저작권은 Gakken Inc. 와 JMCA 에이전시를 통해 독점 계약으로 ㈜은하수미디어에 있습니다.
저작권법에 의해 한국 내에서 보호를 받는 저작물이므로 무단 전재 및 무단 복제를 금합니다.

주의! 종이가 날카로워 손을 베일 수 있으므로 주의하십시오.
파본은 구입처에서 교환해 드립니다. 사용 중 발생한 파손은 교환 대상에 해당되지 않습니다.

* 사진 출처 ⓒ wikimedia commons / ⓒ shutterstock
* 책 속 부록(147~155쪽)은 한국 어린이들을 위해 ㈜은하수미디어에서 새로 쓴 내용입니다.